Basics of Honorifics

これだけは知っておきたい
「敬語」の基本と常識

社会人として身につけておきたいノウハウ！

- ●「練習ドリル」で敬語を完全にマスター
- ●ウチとソトを区別して、ビジネスで敬語を使い分ける
- ●言いにくいことを上手に伝える「クッション言葉」
- ●依頼・断り・お詫びのときの伝え方
- ……など、実践的なスキルで敬語を克服！

株式会社ザ・アール［著］

フォレスト出版

はじめに

　日本人なら正しい日本語を話せて当たり前、社会人なら相手や状況にふさわしい言葉遣いができて当然。そんな考えは幻想にすぎないのではないでしょうか。

　長年ビジネスマナーやコミュニケーションを教えていますが、新入社員はもちろん、企業の幹部クラスでさえ、「じつは敬語の使い方が間違っていないか心配」「ボキャブラリーが少ない」など、言葉遣いの不安を口にします。苦手なまま、ただ経験を重ねるだけでは磨かれないのが言葉のスキル。今や、外国語を学ぶように、「正式な日本語」をきちんと学び、教養として身につけるべき時代といえるでしょう。

　ビジネスにかぎらず、コミュニケーションにとって言葉は最大の道具、できれば自信をもって使いこなし、成果につなげたいものです。この本は新社会人だけではなく、「改めて日本語の基礎を学びたい」というベテランの方にも役立つ内容になっています。

　敬語や言葉遣いの本はさまざまで、専門的な文法解説書もあれば、「これだけマスターすればOK」というマニュアル本、「こんなときどう言う？」というフレーズ検索型の本なども見かけます。どのレベルを目指すのかで選ぶ本は変わってきそうです。

　この本では、「きちんと自分の頭で考えて、その場に合った言葉遣いが組み立てられる」レベルを目指した内容になってい

ます。ただ読むだけではなくて、書き込みながらトレーニングできるワークブックです。項目ごとにドリルがついていますので、着実に実力をつけることができます。

第1部で、正しい敬語の使い方をマスターします。
第2部では、社会人にふさわしい信頼される話し方のコツを学びます。
第3部では、シーン別のビジネス慣用句を身につけます。

英語をマスターするときと同様に、基本文法を押さえることで基礎力がつけば、応用力にもつながります。日ごろ使う慣用句を覚えることで、会話の瞬発力をつけることもできます。けっしてさらりと読める本ではありませんが、しっかりと向き合えばこの1冊であなたの言葉のランクアップを約束します。

身についた言葉のスキルは一生の財産となることでしょう。言葉遣いに苦手意識のなくなったあなたが、自信をもって堂々と人と向き合えるようになることを願っています。

株式会社ザ・アール　上席講師　平井理恵子

目次

はじめに………3

正しい敬語をマスターしよう

第1章
敬語の仕組みを知ろう

1 敬語の重要性………12
きちんとした言葉遣いは社会人の基本

2 敬語の役割と機能………14
言葉遣いに関する不安を解消しよう

3 敬語の仕組みを理解しておこう………16
尊敬語・謙譲語・丁寧語の使い分け

4 敬語には5種類がある………20
謙譲語と丁寧語をさらに細かく分類

第2章
敬語に言い換えてみよう

1 丁寧語に言い換えてみよう………28
語尾を「です」「ます」「ございます」にする

コラム フォーマルな場での表現………31

2 美化語に言い換えてみよう………32
接頭辞の「お」や「ご」をつける

コラム 「お手紙」は美化語？ 尊敬語？……… 33

3 尊敬語に言い換えてみよう……… 38
動詞の言い換えを中心にマスターする

コラム 役職名をつけたら「様」はいらない？……… 56

4 謙譲語Ⅰに言い換えてみよう……… 60
行為の向かう先を立てて述べる

コラム 植木に水をあげる？……… 64

コラム 「営業をやらさせていただいています」？……… 76

5 謙譲語Ⅱに言い換えてみよう……… 80
自分の行為などを丁重に述べる

コラム 「ご持参ください」は失礼？……… 87

第3章

敬語を使ってみよう

1 状況に合わせて敬語を使い分けよう……… 90
ウチとソトを区別して使う

コラム ウチとソトは意外と複雑？……… 94

2 敬語の誤用に気をつけよう……… 98
過剰になると言葉として不適切

第2部 信頼される言葉遣いをマスターしよう

第4章
相手・状況に応じた言葉を選ぶ

1. 口癖を見直そう………110
   相手に違和感を与える言葉遣いを改める
   - **コラム**「お箸は大丈夫ですか」「大丈夫です」………116

2. 相手に配慮して伝えよう………120
   あえてストレートに言わない
   - **コラム** 目上に失礼な言葉1………122
   - **コラム** 目上に失礼な言葉2………126

3. クッション言葉を使いこなそう………128
   言いにくいことを上手に伝える

第5章
依頼・断り・お詫びの丁寧な伝え方

1. 依頼するときの丁寧な言い方………138
   文の最後に「か」をつける

2. 断るときの丁寧な言い方………144
   申し出や依頼をうまく断る技術
   - **コラム**「ご遠慮申し上げます」の意味は？………146

3. お詫びするときの丁寧な言い方………150
   できるだけ具体的な言葉を添える
   - **コラム** お詫びと謝罪は違う？………156

第3部 ビジネスで使う慣用句をマスターしよう

第6章
ビジネスシーンに応じた敬語表現

1. 訪問シーンの慣用表現………160
   マナーをわきまえた言動を心がける

2. 来客応対シーンの慣用表現………168
   会社全体のイメージを左右する重要な業務

3. 電話応対シーンの慣用表現………176
   基本フレーズを覚えよう

   コラム 「少々お待ちください」ってどのくらい?………180

4. ビジネスメールの慣用表現………188
   行動を起こしやすい書き方をする

   コラム 絵文字や記号は失礼にあたる?………194

おわりに………195

第1部

正しい敬語をマスターしよう

第 1 章

敬語の仕組みを知ろう

1 敬語の重要性

きちんとした言葉遣いは社会人の基本

◎円滑なコミュニケーションのために

「敬語は面倒だから使いたくない」と考える人でも、お店で店員から「いらっしゃい。何食べる？」と言われたらムッとするでしょうし、後輩から「仕事教えてよ」と頼まれたら、その人の常識を疑うでしょう。

文化庁では毎年「国語に関する世論調査」を実施していて、2014年度の調査では、「今後とも敬語は必要である」という回答が全体の98％に達しています。

また、75％の人が「きちんとした言葉遣いができないと社会から認めてもらえないという雰囲気を感じる」と答えています（2016年度調査）。

さらに、「敬語は簡単で分かりやすいものであるべき」（26％）よりも、「敬語は伝統的な美しい日本語として、豊かな表現が大切にされるべき」（64％）という意見が大きく上回っています（2015年度調査）。

人間関係が複雑化し、価値観も多様化している現代社会ですが、人と人が円滑な言語コミュニケーションを築くために、敬語の重要性はますます大きくなってきているのです。

第1章　敬語の仕組みを知ろう

正しい敬語が使えないと……

2 敬語の役割と機能

言葉遣いに関する不安を解消しよう

◎日本語を正しく使うために

コミュニケーションにおける敬語の役割は、単に「敬意の表出」とは限りません。たとえば、以下のような機能もあります。

①相手を尊重することを表す → 目上の人を立てる

②相手に対する改まりを表す → 公の場のスピーチでフォーマル感を演出する

③相手に対して隔てを示す → 知らない人に対して心理的距離をとる

④自分と他者の関係性を示す → 上下・親疎・内外の関係が反映される

⑤行為の主体や対象を暗示する →「誰が」「誰に」を省略できる

⑥使い手の品格や教養を示す → 敬語を使いこなせる＝信用できる人をアピールする

つまり、敬語を使うべき場面で使わないと、「相手に対する敬意がない」のほか、「場をわきまえない」「なれなれしい」「立場が不明」「主語が誰だか紛らわしい」「教養のない人で信用できない」などと受け止められる恐れがあるのです。

日本語を正しく効果的に使ううえで、敬語は避けては通れません。逆に言うと、敬語をマスターできれば、言葉遣いに関する不安の大半は解消されます。

第 1 章　敬語の仕組みを知ろう

 敬語が使えない人のイメージ

3 敬語の仕組みを理解しておこう

尊敬語・謙譲語・丁寧語の使い分け

◎誰に対して敬語を使うか

　敬語というと、皆さんは学校で学んだ３種類の敬語「尊敬語」「謙譲語」「丁寧語」を思い浮かべるかと思います。

　では、それぞれどのような働きがあって、どのように使い分けるのか、説明できますか。わかっているようでも意外と難しいものです。

　まずは、敬語の仕組みとして、敬語の向き（敬意の向かう先）が２つあります。それを押さえておきましょう。

　１つは、話の登場人物に対しての敬意（もしくはへりくだり）を示すもの、

　もう１つは、目の前の相手（聞き手）に対して敬意を示すもの、です。

　右のイラストでは、「山田社長」「いらっしゃる」という部分が話の登場人物である山田社長への敬意です。山田社長を高める尊敬語が使われています。

　一方、「いらっしゃいます」の文末の「ます」は「山田社長」ではなく、話を聞いている相手Ｂさんへの直接の敬意です。言葉が丁寧に聞こえる丁寧語を使わずに、「山田社長がいらっしゃる（わよ）」となると、ＡさんからＢさんへの敬意（配慮）がなくなり、対等（もしくはＢさんが目下）か親しい間柄の話し方になります。

第1章 敬語の仕組みを知ろう

敬語の向き（敬意の向かう先は2つ）

1 誰が誰に何をしたという
話題の人物に対する敬語（赤字部分）
→ 山田社長への敬意

> これから山田社長が
> いらっしゃいます

Aさん
（自分）

Bさん
（相手）

2 **聞き手に対する敬語**（下線部）
→ Bさんへの敬意

ざっくり言うと、尊敬語（相手を立てる）と謙譲語（自分側を下げる、へりくだる）が「話題の人物に対する敬語」にあたり、丁寧語が「聞き手に対する敬語」にあたります。

◎目の前の相手に敬意を示すとき
　目の前の相手を話題にする場合は、「（あなたは）お昼ご飯を召し上がりましたか？」のように、「召し上がる」という尊敬語と、「ました（か）」という丁寧語を使って相手に敬意を示すことができます。

　また、自分を主語にして話す場合は、「（私は）明日伺います」のように、「伺う」という謙譲語を使って相手に対してへりくだるとともに、「ます」という丁寧語でも敬意を伝えることができます。

　当然ながら、尊敬語を自分や自分側につけることはできませんし、相手の行為・動作を謙譲語で表すことも基本的にはしません。

　このように、「尊敬語」「謙譲語」「丁寧語」の３種類が敬語の基本となります。

第 1 章　敬語の仕組みを知ろう

 尊敬語・謙譲語・丁寧語を使い分ける

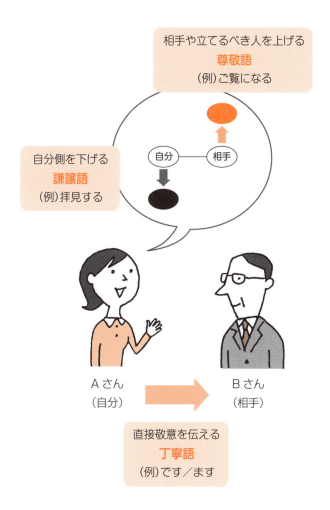

敬語には5種類がある

謙譲語と丁寧語をさらに細かく分類

◎3種類から5種類に

ここまで「尊敬語」「謙譲語」「丁寧語」の3種類で敬語の仕組みを確認しましたが、2007年に文化庁が発表した「敬語の指針」では、敬語は5種類に分類されています。

①尊敬語、②謙譲語Ⅰ、③謙譲語Ⅱ、④丁寧語、⑤美化語の5つです。右の表をご覧ください。これまでの3分類を細かく分け、違いをよりわかりやすくしています。

敬語の理解を深め、適切に使えるように、謙譲語と丁寧語をそれぞれ2つに分けたものです。

謙譲語のⅠとⅡの違いは、じつは大きな違いで、Ⅰは自分の行為の関係先を高め、Ⅱは自分の行為などを丁重に述べるだけで、特定の人への敬意はありません。

たとえば、「明日伺います」と「明日参ります」の「伺う」「参る」はどちらも「行く」の謙譲語ですが、意味が異なります。

「伺う」(謙譲語Ⅰ)は、「あなた」や「目上の人」など立てるべき人のところへ行くときにだけ使われます。「行く先」の人物に敬意が向かうのです。「御社に伺います」「山田先生のご自宅に伺いました」のように使います。

一方、「参る」(謙譲語Ⅱ)は「行く先」に敬意は向かわないので、自宅やディズニーランドなど、どこに行くときでも使えます。

第 1 章　敬語の仕組みを知ろう

 敬語の種類

尊敬語	尊敬語	相手の側または第三者の行為・ものごと・状態などについて、その人物を立てて述べる （例）いらっしゃる／お待ちになる／ご意見
謙譲語	謙譲語Ⅰ	自分側から相手側または第三者に向かう行為・ものごとなどについて、その向かう先の人物を立てて述べる （例）伺う／申し上げる／ご連絡する
	謙譲語Ⅱ	自分側の行為・ものごとなどを、聞き手に対して丁寧に述べる （例）参る／申す／致す／小社
丁寧語	丁寧語	語尾を丁寧にして聞き手に敬意を伝える （例）～です／～ます／～でございます
	美化語	話し手が、ものごとを美化して述べる （例）お花／ご飯／お料理

謙譲語Ⅰの「行為の向かう先」には、「(対象者)に向かって」「(行為者に)対して」のほか、「(対象者)のために」や「(対象者)から」「(対象者)を」などというケースも含まれます。次の例を見てください。
　(あなたのことを) お待ちする
　(お客さまに) お茶をお出しする
　(あなたのために) お荷物をお持ちする
　(先生から) お話を伺う

◎「お正月」や「ご飯」は美化語
　さらに5分類では、表に示したように丁寧語から美化語を独立させています。
　美化語とは、自分自身の言葉を飾ったり、ものごとを美化して述べたりする表現です。「お正月」「ご飯」のように名詞の前に「お」や「ご」をつけます。美化語には、とくに相手や他者への敬意は含まれないため、使いすぎると違和感を与えることになるので注意が必要です。

　この本では、この5つの敬語をしっかり理解し、使いこなせるようにトレーニングしていきます。第1章の整理として、次の確認ドリルに取り組み、解答と解説を読んで理解を確かめてください。

「敬語の仕組み」の確認ドリル

 問1 次の文について、どの言葉に誰(聞き手／動作の主体／行為の向かう先)に対する敬意が含まれていますか？

1 私が行きます

2 お客様がお見えになった

3 部長にお伝えしたよ

4 私は東京から参りました

 問2 次の説明は5種類の敬語のうち、どれについて述べたものでしょうか？ 5分類(尊敬語、謙譲語Ⅰ、謙譲語Ⅱ、丁寧語、美化語)で回答してください。

1 語尾を丁寧にして聞き手に敬意を伝える

2 相手の側または第三者の行為・ものごと・状態などについて、その人物を立てて述べる

3 自分側の行為・ものごとなどを、聞き手に対して丁寧に述べる

4 自分側から相手側または第三者に向かう行為・ものごとなどについて、その向かう先の人物を立てて述べる

5 ものごとを美化して述べる

「敬語の仕組み」の確認ドリル　　解答

 問1　次の文について、どの言葉に誰（聞き手／動作の主体／行為の向かう先）に対する敬意が含まれていますか？

1　私が行き<u>ます</u>
　　聞き手（目の前の相手）に対する敬意

2　お客様が<u>お見えになった</u>
　　動作の主体であるお客様への敬意

3　部長に<u>お伝えした</u>よ
　　自分の行為の向く先である部長への敬意

4　私は東京から<u>参りました</u>
　　聞き手に対する敬意

 問2　次の説明は5種類の敬語のうち、どれについて述べたものでしょうか？　5分類で回答してください。

1　語尾を丁寧にして聞き手に敬意を伝える　丁寧語

2　相手の側または第三者の行為・ものごと・状態などについて、その人物を立てて述べる　尊敬語

3　自分側の行為・ものごとなどを、聞き手に対して丁寧に述べる　謙譲語Ⅱ

4　自分側から相手側または第三者に向かう行為・ものごとなどについて、その向かう先の人物を立てて述べる　謙譲語Ⅰ

5　ものごとを美化して述べる　美化語

第 1 章　敬語の仕組みを知ろう

「敬語の仕組み」の確認ドリル　　解説

問1　1　私が「行きます」の<u>ます</u>は丁寧語です。自分の目の前にいる相手＝聞き手に対する敬意が含まれた表現です。

2　お客様が「お見えになった」の<u>お見えになる</u>は「来る」の尊敬語です。動作の主体であるお客様への敬意が含まれています。

3　部長に「お伝えしたよ」の<u>お伝えする</u>は、自分の行為をへりくだりながら行為の向く先を高める謙譲語Ⅰです。ここでは伝える先である部長を高めて敬意を表しています。

4　私は東京から「参りました」は<u>参る</u>と<u>ました</u>（ますの過去形）の２つの敬語の連携です。参るは自分側の行為を丁重に述べる謙譲語Ⅱで、とくに誰かにかかわってその人を立てる表現ではありません。<u>ました</u>の丁寧語とともに、丁寧に述べることで聞き手に対しての敬意を表ししているといえます。

問2　21 ページの表を参照してください。

第2章

敬語に言い換えてみよう

1 丁寧語に言い換えてみよう

語尾を「です」「ます」「ございます」にする

◎5種類の敬語を1つずつ身につける

第2章では、敬語に言い換える練習をしていきましょう。

5種類の敬語について、説明を読んで理解し、「例題」を解きながらコツをつかみ、「確認ドリル・練習ドリル」によって力をつけていきます。まずは、一番やさしい丁寧語と美化語、次に尊敬語、最後に謙譲語Ⅰ・Ⅱの順にマスターしましょう。

◎丁寧語にしてみよう

「私は学生です」「明日映画を観ます」のように、語尾を「です」「ます」にして丁寧な表現にします。「お茶でございます」のように、「ございます」を使うとさらに丁寧な表現になります。

例題 「富士山は美しい」を丁寧語に言い換えてみましょう。

「美しい」を丁寧に伝えたい場合は、「です」をプラスして、「美しいです」と言います。以前は「形容詞+です」はやや幼稚な言い方とされていましたが、現在はとくに問題ありません。
「ございます」をプラスして、「美しゅうございます」と言えばさらに丁寧な表現になります。「形容詞+ございます」は、本来は「美しく+ございます」の形になりますが、形容詞の最後の「く」は「う」と変化するウ音便を伴うので注意します。

「丁寧語」の練習ドリル

問 次の言葉を丁寧語にしてみましょう。

1　私の家族は東京に住んでいる

2　あなたの会社はここ？

3　この創作料理は美味しい

4　このかばんはとても軽い

5　今日の天気は素晴らしい

「丁寧語」の練習ドリル　　解答

 次の言葉を丁寧語にしてみましょう。

1　私の家族は東京に住んでいる
　　住んでいます

2　あなたの会社はここ？
　　ここ（こちら）ですか

3　この創作料理は美味しい
　　美味しいです／美味しゅうございます

4　このかばんはとても軽い
　　軽いです／軽うございます

5　今日の天気は素晴らしい
　　素晴らしいです／素晴らしゅうございます

「丁寧語」の練習ドリル　　解説

いかがでしたか。とても簡単ですね。

より丁寧な「形容詞+ございます」の形は、使い慣れないと違和感があるかもしれませんが、接客業などでは必要になることもあるので、日ごろから使って練習するとよいでしょう。

また、文末以外の表現も丁寧にすることが可能です。

ここ→こちら、この→こちらの、今日→本日、などです。

これらは、敬語の「丁寧語」の範疇（はんちゅう）からは少しはずれますが、「丁寧語に準ずる改まった表現」＝「改まり語」などと呼ばれています。右ページのコラムを参照してください。

第 2 章 敬語に言い換えてみよう

コラム フォーマルな場での表現

　社会生活では、敬語にかぎらず、場面によって改まった表現を使い分けることが必要です。「改まり語」とも呼ばれる「フォーマルな表現」も身につけておきましょう。

一般表現	改まり語	一般表現	改まり語
わたし／僕	わたくし	いま	ただいま
ここ／こっち	こちら	あとで	のちほど
そこ／そっち	そちら	すぐに	まもなく
どこ／どっち	どちら	さっき	先ほど
きのう	昨日(さくじつ)	やっぱり	やはり
おととい	一昨日	ちょっと	少々
今日	本日	もう	すでに
あした	あす／明日(みょうにち)	わりと	比較的
あさって	明後日	どう	いかが
今年	本年	つもり	所存

※改まり語は、とくに書き言葉でよく用いられます。

2 美化語に言い換えてみよう

接頭辞の「お」や「ご」をつける

◎「お水」や「お料理」の「お」や「ご」

美化語のほとんどは、名詞（あるいは「名詞＋する」型の動詞）です。

「お水」「お料理（お料理する）」のように、接頭辞として「お」をつけたり、「ご馳走」のように「ご」をつけたりしてつくるものが一般的です。

名詞に「お」「ご」をつけるものとしては、美化語のほかに尊敬語や謙譲語Ⅰもありますが（右ページのコラム参照）、いずれの言葉も形は同じで、つくり方にある程度決まりがあるので、覚えておきましょう。

◎「お」と「ご」のつけ方のルール

「お」と「ご」のつけ方の決まりは次のとおりです（美化語以外の例も含んでいます）。

〈「お」がつくもの〉

基本的に和語（訓読みする語）につける

（例）お金、お名前、おところ、お知らせ

〈「ご」がつくもの〉

基本的に漢語（音読みする語）につける

（例）ご金額、ご氏名、ご住所、ご通知

コラム 「お手紙」は美化語？ 尊敬語？

　美化語は名詞に「お」や「ご」をつけて言い換えますが、名詞に「お」や「ご」がついた言葉がすべて美化語というわけではありません。

「お手紙」も3つのケースが考えられます。

①相手や目上の人からもらった手紙

　この場合の「お手紙」は、「大切な」「ありがたい」という敬意のこもった表現で、相手側を立てる「尊敬語」にあたります。

②相手や目上の人に出す手紙

　自分が書いた手紙のことで、「あなたのためにしたためた」「目上の方にお出しする」という、自分を下げつつ行為の向かう先を高める「謙譲語Ⅰ」にあたります。

③一般の手紙

「お手紙には切手を貼って出しましょう」と言うとき、この「手紙」にはなんの敬意も含まれず、ただ美化して言っているだけの「美化語」です。「手紙」と言っても差し支えありません。

　話や文章のなかで、むやみに「お」や「ご」を使うと間延びして聞き苦しいことがあります。不必要な「美化語」を減らすことをおすすめします。

〈例外〉

　例外的に、漢語に「ご」でなく「お」がつくものもあります。日常よく使われる言葉に多いようです。

　　（例）お電話、お食事、お返事（ご返事も使われる）

〈**両方つかないもの**〉

　言葉の種類によったり、意味的・慣習的になじまなかったりして、「お」も「ご」もつかない言葉があります。

　　（例）外国語……×おコーヒー、×おテレビ、×おエレベーター
　　　　　公共物……×お学校、×お駅、×お銀行、×お公園
　　　　　悪い意味のもの……×おまぬけ、×ご倒産、×ご犯人

例題　「入学」を美化語にしてみましょう。

「入学」は漢語なので、基本的には「ご（御）入学」が正しいのですが、最近は「お入学」ということもあります。
「ご（御）入学」は主として尊敬語で使われることが多く、単なる（相手を立てない）美化語としては、「お入学」が使われる傾向も見られます。

「美化語」の確認ドリル

 次の文章のなかで、不自然な美化語を見つけてください。

　当ショールームへのお道順をご案内します。お車で○○インターチェンジから国道○号線を横浜のご方向に向かっていただき、3つ目の信号をご左折いただくと、ご正面に見えて参ります。
　お気をつけて、おゆっくりお越しください。

 次の「ご挨拶」は5種類の敬語（尊敬語、謙譲語Ⅰ、謙譲語Ⅱ、丁寧語、美化語）のうち、どれにあたりますか？

1　<u>ご挨拶</u>が遅れまして、申し訳ございません

2　朝は元気に<u>ご挨拶</u>しましょう

3　早々に新年の<u>ご挨拶</u>をいただき恐縮です

4　これから社長より<u>ご挨拶</u>がございます

「美化語」の確認ドリル　　　解答

問1 次の文章のなかで、不自然な美化語を見つけてください。

　当ショールームへのお道順をご案内します。お車で○○インターチェンジから国道○号線を横浜のご方向に向かっていただき、3つ目の信号をご左折いただくと、ご正面に見えて参ります。
　お気をつけて、おゆっくりお越しください。

問2 次の「ご挨拶」は5種類の敬語のうち、どれにあたりますか？

1　ご挨拶が遅れまして、申し訳ございません
　　謙譲語Ⅰ

2　朝は元気にご挨拶しましょう
　　　美化語

3　早々に新年のご挨拶をいただき恐縮です
　　　　尊敬語

4　これから社長よりご挨拶がございます
　　　　　不明

「美化語」の確認ドリル　　解説

　問1の例文は、不必要な美化語が多く、わかりにくい文章になっています。
「お道順」「ご方向」「ご左折」「ご正面」は形としては問題ありませんが、意味のうえで不要です。最後の「おゆっくり」の「ゆっくり」（副詞）は和語ですが、例外的に「ごゆっくり」となります。「ご案内（する）」は謙譲語Ⅰ、「お車」「お気をつけて」「お越し」は尊敬語で、ここでは問題ありません。「お気をつけて〜」は、本来「お気をつけになって〜」が正しい形ですが、現在は口語として許容されている言い方です。

　問2の1は自分から相手にする挨拶なので謙譲語Ⅰ、2は挨拶一般のことなので美化語、3は相手がしてくれた挨拶なので尊敬語です。
　問題は4ですが、社長から誰に対する挨拶なのかが不明なので、いろいろな解釈ができます。たとえば、社内パーティの席で従業員に向かって挨拶をしてくださる、というケースなら尊敬語、お客様を招いての会なら、お客様を立てた謙譲語Ⅰ、どちらでもない美化語ともとれます。
　実際のビジネスの場面では、あちらもこちらも立てなければならない、お客様も社員も混在しているなど、言葉に迷うことがよくあります。あえてどちらともとれる言い方を選択する、という知恵も必要といえます。

3 尊敬語に言い換えてみよう

動詞の言い換えを中心にマスターする

◎**尊敬語にはさまざまな形がある**

　次は尊敬語の言い換え方です。右ページに一覧を載せましたが、じつにいろいろな方法で尊敬語にすることができます。ここでは、一番大切な動詞の言い換え方を中心にマスターしていきます。

　まず、例題を試してください。

例題　「読む」を尊敬語に言い換えてみましょう。いくつできますか？

　お読みになる／読まれる／お読みだ／お読みくださる／読んでいらっしゃる／ご覧になる／ご一読になる……
「読む」には特定の形（尊敬語専用の言い方）がないので、尊敬語をつくる言葉をつけ加えて、さまざまな形に変化させて表します。「ご覧になる」という「見る」の特定の尊敬語を代用することもあります。
「読んでいらっしゃる」あるいは「お読みになっていらっしゃる」という形は、「読む」＋「いる」のそれぞれ（または一方）を敬語にしたもので、よく使われます。**これは二重敬語とは呼ばず、敬語連結で正しい敬語表現です。**

第 2 章　敬語に言い換えてみよう

 尊敬語の言い換え方一覧

動詞	特定形 （置き換え型）	行く、来る、いる→いらっしゃる 言う→おっしゃる 見る→ご覧になる 食べる、飲む→召し上がる する→なさる
	一般形 （付加型）	お（ご）〜になる→お読みになる 〜れる／られる→聞かれる 〜なさる→出席なさる ご〜なさる→ご出席なさる お（ご）〜だ→お聞きだ お（ご）〜くださる→お考えくださる
名詞	お／ご	お名前、ご住所
	接頭辞	御社、貴行、ご高配、ご尊父、ご芳名
	接尾辞	さん、様、氏、先生、部長（役職）
形容詞 など	お／ご	お早い、お忙しい、ご立派だ
	その他	忙しくていらっしゃる

※可能の意味をもたせたいときは、動詞を尊敬語にしてから可能形にします。（例）食べる→召し上がる→召し上がれる
　　利用する→ご利用になる→ご利用になれる

◎尊敬語の「特定形」を覚えよう

尊敬語には「特定形」(置き換え型)があります。もとの動詞を使わずに、別の「尊敬語専用の言い方」に置き換えるタイプの敬語です。

これは、その言葉を知らなければ使いこなせません。ですから、しっかりと語彙を身につける必要があります。ただし、尊敬語専用の言い方はそれほど多くはありませんので、安心してください。

２つの練習ドリルでしっかり力をつけましょう。

「尊敬語」の練習ドリル1

問 次の動詞と尊敬語（専用語）を結びつけてみましょう。

1　行く	・くださる
2　する	・おいでになる
3　言う	・ご覧になる
4　来る	・召し上がる
5　いる	・いらっしゃる
6　見る	・なさる
7　知っている	・おっしゃる
8　くれる	・お気に召す
9　食べる	・お亡くなりになる
10　着る	・ご存じだ
11　気に入る	・お召しになる
12　死ぬ	

＼ヒント！／

重複する動詞もあります
1つの動詞が2つの専用語をもつことも、
違う動詞が同じ専用語につながることも
あります。

「尊敬語」の練習ドリル1　　　　　　　　　解答

問 次の動詞と尊敬語（専用語）を結びつけてみましょう。

1　行く　　　　　　　　　・くださる
2　する　　　　　　　　　・おいでになる
3　言う　　　　　　　　　・ご覧になる
4　来る　　　　　　　　　・召し上がる
5　いる　　　　　　　　　・いらっしゃる
6　見る　　　　　　　　　・なさる
7　知っている　　　　　　・おっしゃる
8　くれる　　　　　　　　・お気に召す
9　食べる　　　　　　　　・お亡くなりになる
10　着る　　　　　　　　・ご存じだ
11　気に入る　　　　　　・お召しになる
12　死ぬ

「行く」「来る」「いる」の3つの動詞は、
同じ尊敬語（専用語）

「尊敬語」の練習ドリル 2

試してみよう！

問 下線部を、尊敬語（専用語）に言い換えてください。

1　山本先生がクラス会に<u>来た</u>

2　先生は素敵な着物を<u>着ている</u>

3　皆からのプレゼントに<u>感激していた</u>

4　今80歳だが、お元気で何でも<u>食べる</u>

5　とくにお寿司が<u>気に入っていた</u>

6　先生は懐かしそうにアルバムを<u>見ていた</u>

7　先生は、教え子のことを何でも<u>知っている</u>

8　いつまでも私たちを温かく見守って<u>くれる</u>

9　また来年も会いましょうと<u>言った</u>

「尊敬語」の練習ドリル2　　　解答

 下線部を、尊敬語（専用語）に言い換えてください。

1　山本先生がクラス会に<u>来た</u>
　　　　　　　　　いらっしゃった／おいでになった

※尊敬語の後に丁寧語の「ます」「ました」をつけ加えた「いらっしゃいました」でも問題ありません。以下同様です。

2　先生は素敵な着物を<u>着ている</u>
　　　　　　　　　お召しになっている

3　皆からのプレゼントに<u>感激していた</u>
　　　　　　　　　なさっていた

4　今80歳だが、お元気で何でも<u>食べる</u>
　　　　　　　　　召し上がる

5　とくにお寿司が<u>気に入っていた</u>
　　　　　　　　　お気に召していた

6　先生は懐かしそうにアルバムを<u>見ていた</u>
　　　　　　　　　ご覧になっていた

7　先生は、教え子のことを何でも<u>知っている</u>
　　　　　　　　　ご存じだ

8　いつまでも私たちを温かく見守って<u>くれる</u>
　　　　　　　　　くださる

9　また来年も会いましょうと<u>言った</u>
　　　　　　　　　おっしゃった

「尊敬語」の練習ドリル2　　解説

　1は、そのほかの尊敬語として、「お越しになった」「お見えになった」などがあります。また、「出席した」という意味で、「お出ましになった」「ご臨席になった」などの言い方もできそうです。

　2は「お召しだ」でも構いません。

　3は「なさっていた」の代わりに「されていた」でも間違いではありませんが、「する→される」は一般形の尊敬語変換で、専用語ではありません。また、「いた」の部分を「いらっしゃった」にして、「なさっていらっしゃった」にすることもできますが、やや冗長です。

　4は、「お召し上がりになる」も可です。
　本来「召し上がる」(あるいは「上がる」)が「食べる」の尊敬専用語でしたが、最近は「お〜になる」をつけ加えて「お召し上がりになる」とすることが増えています。これは厳密には二重敬語といえますが、許容されています。

　7は、「ご存じでいらっしゃる」でも可です。

　9は、「おっしゃられた」は二重敬語なので間違い。少し古風な言い方ですが、「仰せになった」もあります。

◎尊敬語の一般形(付加型)をマスターしよう

　今見てきたように、尊敬語専用の特定形の数は多くありません。ほかの多くの動詞は、尊敬を表す言葉をつけ加えて尊敬語をつくります。次のようにいくつかパターンがありますが、よく使うものを覚えておくといろいろな動詞に適用できます。

〈お(ご)〜になる〉

　最もよく使われる形です。
「聞く」→「お聞きになる」、出席する」→「ご出席になる」
　この形には「見る」→「ご覧になる」、「行く・来る・いる」→「おいでになる」のように変則的なパターンもありますが、それらは先の「特定形」に入れています。
「お」や「ご」のつけ方は、美化語の項で学んだルールどおり、和語には「お」、漢語には「ご」がつきます。

例題　「お(ご)〜になる」の形を使って、「会う」「食べる」「利用する」「連絡する」を尊敬語にしてみましょう。

「会う」→「お会いになる」、「食べる」→「お食べになる」
「利用する」→「ご利用になる」、「連絡する」→「ご連絡になる」
　簡単ですね。ただ、「食べる」は「召し上がる」という専用語があるので、基本的にはそちらを使います。
　また、「ご連絡になる」はあまり使われず、「連絡される」「連絡なさる」が一般的です。形としてはつくれても慣習上なじまないこともあるので注意しましょう。

〈〜れる・られる〉

「れる」「られる」は、「可能」のほか「尊敬」の表現としても使われます。

「聞く」→「聞かれる」、「着る」→「着られる」

「れる」「られる」のどちらを使うのかをしっかり押さえておきましょう。

【ルール】
・動詞を未然形（「−ない」で終わる形）にして、「れる」か「られる」をつける
・五段活用＋サ行変格活用（する）→〜れる
・上一段活用＋下一段活用＋カ行変格活用（来る）→〜られる

【コツ】
　五段活用の動詞と「する」だけは「〜れる」がつき、それ以外はすべて「〜られる」がつくと覚えておくと、迷ったときに便利です。

　五段活用の動詞とは、未然形が「あ段」で終わるもので、「書く」（書か−ない）、「読む」（読ま−ない）など多くの動詞があります。

例題　「れる」「られる」を使って、「会う」「する」「見る」「答える」「来る」を尊敬語にしてみましょう。

「会われる」「される」「見られる」「答えられる」「来られる」
　間違いがあった人は、次の解説を読んで確認してください。
「会う」は「会わ−ない」となるので五段活用です。「れる」を

つけて「会わ‒れる」
「する」はサ変なので、「れる」をつけて「さ‒れる」
「見る」は「見‒ない」となるので上一段活用。「られる」をつけて「見‒られる」
「答える」は「答え‒ない」となるので下一段活用。「られる」をつけて「答え‒られる」
「来る」はカ変なので、「られる」をつけて「来‒られる」

〈〜なさる・ご〜なさる〉

　「サ変動詞」(「〜する」)についてのみ、「する」を「なさる」に替えてつくることができます。

　また、「ご」をつけて、「ご〜なさる」とすることもできます。
「出席する」→「出席なさる」「ご出席なさる」

〈お(ご)〜だ〉

　シンプルに「お(ご)〜だ」とします。
「聞く」→「お聞きだ」 「出席する」→「ご出席だ」
　丁寧形で「お〜です」(「お聞きです」・「ご出席です」)がよく使われます。

〈お(ご)〜くださる〉

　恩恵の意味の「〜くれる」の尊敬語「くださる」をつける形です。
「聞く」→「お聞きくださる」、「出席する」→「ご出席くださる」

「尊敬語」の練習ドリル3

試してみよう！

問 次の動詞を一般形（付加型）の尊敬語にしてみましょう。㋐～㋔を参考に、それぞれ2つ以上挙げてください。

1　行く

2　答える

3　見せる

4　指摘する

5　飲む

6　会う

7　思う

8　安心する

9　受け取る

10　尋ねる

㋐お～になる　㋑～れる／られる　㋒（ご）～なさる
㋓お（ご）～だ　㋔お（ご）～くださる

「尊敬語」の練習ドリル3　　解答

 次の動詞を一般形（付加型）の尊敬語にしてみましょう。㋐〜㋔を参考に、それぞれ2つ以上挙げてください。

1　行く　お行きになる／行かれる

2　答える　お答えになる／答えられる／お答えだ／お答えくださる

3　見せる　お見せになる／見せられる／お見せくださる

4　指摘する　ご指摘になる／指摘される／（ご）指摘なさる・ご指摘くださる

5　飲む　お飲みになる／飲まれる／お飲みだ／お飲みくださる

6　会う　お会いになる／会われる／お会いだ／お会いくださる

7　思う　お思いになる／思われる

8　安心する　ご安心になる／安心される／（ご）安心なさる／ご安心だ／ご安心くださる

9　受け取る　お受け取りになる／受け取られる／お受け取りだ／お受け取りくださる

10　尋ねる　お尋ねになる／尋ねられる／お尋ねだ／お尋ねくださる

「尊敬語」の練習ドリル4

問 3つのうち適切な表現を選んでください。

1 課長は新人を厳しく〜
①ご指導している ②ご指導なさっている ③ご指導になられている

2 先輩、昼食はもう〜
①すましましたか ②おすませましたか ③すまされましたか

3 山田さんはいつ〜
①退職されられたのですか ②ご退職されたのですか ③退職なさった

4 その件は受付で〜
①お聞きください ②お聞きしてください ③お聞きになられてください

5 先生はどちらから〜
①来れたのですか ②お来になられたのですか ③来られたのですか

「尊敬語」の練習ドリル4 　解答

 3つのうち適切な表現を選んでください。

1　課長は新人を厳しく〜
①ご指導している　②ご指導なさっている　③ご指導になられている

2　先輩、昼食はもう〜
①すましましたか　②おすませましたか　③すまされましたか

3　山田さんはいつ〜
①退職されられたのですか　②ご退職されたのですか　③退職なさった

4　その件は受付で〜
①お聞きください　②お聞きしてください　③お聞きになられてください

5　先生はどちらから〜
①来れたのですか　②お来になられたのですか　③来られたのですか

「尊敬語」の練習ドリル 4 解説

1 ①「ご指導している」のもとの形は「ご～する」で、次項で学ぶ謙譲語です。③「ご指導になられる」は「ご～になる」＋「れる」という二重敬語です。

2 ①「すませましたか」なら日本語としては正しい表現ですが、尊敬語ではありません。②は「おすませになりましたか」とすると正しい尊敬語になります。

3 ①「されられた」は「された」で十分で、「れる」を重ねる必要はありません。②の「ご退職された」は謙譲語「ご～する」に尊敬の助動詞「れる」がついたもので、よくある誤りです。「ご退職なさった」でも正解です。

4 ②の「お聞きして」の「お～する」は謙譲語、③「お聞きになられて」は「お～になる」＋「れる」の二重敬語です。

5 「来る」はカ変なので、①の「来れた」ではなく、③の「来られた」が正しい形です。「来る」には②の「お～になる」は使えません。

◎**名詞の尊敬語をマスターしよう**

美化語の項で説明したように、一般的には「お名前」「ご住所」のように、「お」や「ご（御）」をつけて名詞の尊敬語をつくることができます。

そのほかの接頭辞や接尾辞をつけて尊敬語にすることもできます。

〈接頭辞をつける〉

「お」……お名前、おところ、お電話番号、お教え

「御」（ご）……ご住所、ご連絡先、ご意見、ご判断

※「御住所」「御連絡先」と漢字で書くこともあります

「御」（おん）……御社、御行、御地、御礼

「御」（ぎょ）……御製、御物

「御」（み）……御心、御子

「貴」（き）……貴社、貴兄、貴校、貴信

「玉」（ぎょく）……玉稿、玉章

「高」（こう）……（ご）高配、（ご）高見、（ご）高名

「尊」（そん）……（ご）尊父、（ご）尊顔

「芳」（ほう）……（ご）芳名、（ご）芳志

「令」（れい）……（ご）令室、（ご）令嬢、（ご）令息

「賢」（けん）……賢兄、（ご）賢察

〈接尾辞をつける〉

　敬称……「さん」「様」「殿」「氏」「方」（「この方」など）

　尊称を示す役職名……「先生」「社長」「部長」

第2章 敬語に言い換えてみよう

◎その他の品詞の尊敬語

形容詞や形容動詞、副詞でも尊敬語がつくれます。

「お」「ご」「〜ていらっしゃる」など、よく使うパターンだけ覚えておきましょう。

形容詞……お忙しい、お早い、お高くていらっしゃる
形容動詞……おきれいだ、ご立派だ、お元気でいらっしゃる
副詞……ごゆっくり（と）、お少し

名詞の尊敬語は「お」や「ご」をつけて

コラム 役職名をつけたら「様」はいらない？

「社長」「主任」「リーダー」「校長」などの会社や組織の役職、「弁護士」「医師」「住職」などの職業を表す肩書、「先生」「先輩」などの呼称はすべて「尊称」（その人を立てた言い方）としても使われます。

ですから、社内では、「山下さん」の代わりに「山下部長」と呼びかけることができます。「山下部長さん」と呼ぶ必要はありません。

伝言メモの宛名も「山下部長」「山下部長宛（へ）」で十分です。

ただし、これらの尊称の敬意はあまり高くないため、社外の方へは使いづらい傾向があります。そのため、「（御社の）高木社長様」のように「様」という敬称を重ねてつけることも実際は多くみられます。

正式な表現としては、「（御社の）社長の高木様」という言い方がありますので、覚えておきましょう。

「尊敬語」の練習ドリル5

問 次の言葉(下線部)をふさわしい尊敬語にしてみましょう。

1 (客に向かって)お客さんの名前と住所をこちらに記入してください

2 (相手の子どものことを)立派な息子で安心ですね

3 (恩師の高橋氏に)ご無沙汰をしておりますが、高橋さんは元気でしたか

4 あなたの会社の素晴らしい提案に御礼申し上げます

5 この人がA商事の加藤取締役です

「尊敬語」の練習ドリル5　　　　　　解答

 次の言葉（下線部）をふさわしい尊敬語にしてみましょう。

1　（客に向かって）お客さんの名前と住所をこちらに記入してください
　　お客様　お名前　ご住所　ご記入

2　（相手の子どものことを）立派な息子で安心ですね
　　ご立派な　ご子息／ご令息／お坊ちゃま　ご安心

3　（恩師の高橋氏に）ご無沙汰をしておりますが、高橋さんは元気でしたか
　　高橋先生　お元気でいらっしゃいました

4　あなたの会社の素晴らしい提案に御礼申し上げます
　　御社／貴社　　　　　　ご提案

5　この人がA商事の加藤取締役です
　　この方／こちらの方　加藤取締役でいらっしゃいます

「尊敬語」の練習ドリル5　　　　　　　　　解説

　1では、「記入して」を「ご記入して」とするのは誤りです。「ご〜くださる」を使います。

　2では、「息子さん」という言い方も使えますが、敬意は低くなります。

　3では、恩師に対しては、「さん」「様」ではなく、「先生」を用いるほうが自然です。「お元気でしたか」よりは「いらっしゃる」を使うほうが敬意が伝わります。

　4の「御社」は話し言葉で、「貴社」は書き言葉で使われる傾向があります。

　5の「方」は「人」の尊敬語です。「加藤取締役」はそれだけで敬称なので、「加藤取締役様」にはしません。助動詞「です」を「でいらっしゃる」と尊敬表現にするとよいでしょう。「取締役の加藤様でいらっしゃいます」という言い方もできます。
　また、社名「A商事」を「A商事様」にする必要はありませんが、実際には相手の会社名のみを呼ぶ場合、社名に「様／さん」をつけることもあります。

　なお、3の「ご無沙汰」4の「御礼」は謙譲語です。

謙譲語Ⅰに言い換えてみよう

行為の向かう先を立てて述べる

◎高める人でない場合は使えない

ここまで、丁寧語、美化語、尊敬語への言い換え方をトレーニングしてきましたが、いよいよ一番の難関「謙譲語」です。

謙譲語Ⅰと謙譲語Ⅱの違いは、第1章の「敬語の5分類」の項目で説明しましたが、覚えていますか？ 不安な人はもう一度確認しておきましょう。

謙譲語Ⅰは、「自分（側）を低めるだけでなく、行為の向かう先を立てて述べる表現」でした。行為の向かう先に対する敬語なので、それが高める人でない場合は使えない点に注意が必要です。

では、謙譲語Ⅰへの言い換え方を見ていきましょう。

動詞は、尊敬語と同じで、「特定形（置き換え型）」と「一般形（付加型）」があります。

「謙譲語的」に使われる表現を含めると多数ありますが、ここでは代表的なものを取り上げてトレーニングします。

名詞の謙譲語Ⅰは、右の表の形のとおり、「お／ご」「拝」「ども」「儀」くらいなので、ここで覚えてしまいましょう。

第2章　敬語に言い換えてみよう

 謙譲語Ⅰの言い換え方一覧

動詞	特定形 (置き換え型)	聞く／訪ねる→伺う 言う→申し上げる 見る→拝見する もらう→いただく 会う→お目にかかる 知る／知っている→存じ上げる
	一般形 (付加型)	お（ご）〜する→お届けする お（ご）〜申し上げる →ご案内申し上げる 〜ていただく→教えていただく お（ご）〜いただく→お教えいただく お（ご）〜願う→ご遠慮願う
名詞	お／ご	（あなたへの）お手紙／ご挨拶／御礼
	接頭辞	拝……拝顔／拝受
	接尾辞	ども／儀……私ども／私儀
その他	お／ご	お懐かしい／おうらやましい

※可能の意味をもたせたいときは、動詞を謙譲語Ⅰにしてから可能形にします。（例）聞く→伺う→伺える
　　　　　　　見せる→お見せする→お見せできる

例題 「読む」という動詞を謙譲語Ⅰにしてみましょう。いくつできますか。

　拝読する／お読みする／お読みいただく／読ませていただく／読んで差し上げる……

　これらはすべて謙譲語Ⅰです。ただし、使い方や敬意の向かう先がそれぞれ異なります。
「拝読する」は、たとえばお手紙を読む場合、その手紙をくださった方を高める表現。
「お読みする」「読んで差し上げる」は、自分が相手（高める人）に向かって読んで聞かせるような場合の表現。
「お読みいただく」は、相手（高める人）に読んでもらい、それにより自分が恩恵を受けるということを表す表現。
「読ませていただく」は、「拝読」同様、自分が相手（高める人）からもらった手紙を恐縮して読む場合のほか、相手（高める人）の許可を受けて何かを読み上げる場合も使えます。
　このように、謙譲語Ⅰでは、状況や誰に対する敬意かをきちんと押さえて使う必要があります。

◎謙譲語Ⅰの「特定形」（置き換え型）をマスターしよう
　尊敬語同様に、通常の動詞を「謙譲語Ⅰ専用の言い方」に置き換えます。数は限られるので覚えてしまいましょう。右の表をご覧ください。

第2章　敬語に言い換えてみよう

 謙譲語Ⅰの特定形（置き換え型）

基本形	謙譲語Ⅰ
行く／来る	伺う
訪ねる／尋ねる	伺う
聞く	伺う／承る／拝聴する
聞かせる	お耳に入れる
言う	申し上げる
見る	拝見する
見せる	ご覧に入れる お目にかける
会う	お目にかかる
知っている	存じ上げる
読む	拝読する
借りる	拝借する
もらう／受け取る	いただく／頂戴する
与える／やる	差し上げる／上げる

コラム 植木に水をあげる？

　あなたは植木に水を「やります」か？「あげます」か？

　もともとは「あげる（上げる）」は「やる（与える）」の謙譲語Ⅰなので、本来は目上に向かって敬意を示す言葉です。

　ですから、「植木に水をあげる」「ペットに餌をあげる」「自分の子にお小遣いをあげる」などは間違いとされてきました。

　ただ、現在は「やる」は粗野な印象を与えるとして、とくに女性は避ける傾向があります。そのため「植木」という事物や「ペット」にも「あげる」が使われることが増えています。

「あげる」が謙譲語Ⅰから美化語化していると言えるでしょう。そのため、目上に向かって敬意を示したいときは、「あげる」ではなく「差し上げる」を使うようになってきています。

　ただ、「植木に水をあげる」「犬に餌をあげた」と聞くと違和感をもつ人も、まだ少なくはないようです。

　2015年度「国語に関する世論調査」の結果は次のとおりでした。

「植木に水をやる」派（60％）、「あげる」派（34％）

「自分の子におもちゃを買ってやる」派（36％）、「買ってあげる」派（57％）

第2章 敬語に言い換えてみよう

「謙譲語Ⅰ」の練習ドリル1

問 次の動詞と謙譲語Ⅰ（専用語）を結びつけてみましょう。

1　行く　　　　　　　・存じ上げる
2　会う　　　　　　　・差し上げる
3　言う　　　　　　　・申し上げる
4　読む　　　　　　　・お目にかける
5　もらう　　　　　　・お目にかかる
6　借りる　　　　　　・お耳に入れる
7　知っている　　　　・いただく
8　やる／与える　　　・頂戴する
9　見る　　　　　　　・伺う
10　見せる　　　　　 ・拝見する
11　聞く　　　　　　 ・拝読する
12　聞かせる　　　　 ・拝聴する
13　来る　　　　　　 ・拝借する

\ヒント!/

重複する動詞もあります
1つの動詞が2つの専用語をもつこと
も、違う動詞が同じ専用語につながるこ
ともあります

「謙譲語Ⅰ」の練習ドリル1　　解答

問　次の動詞と謙譲語Ⅰ（専用語）を結びつけてみましょう。

1. 行く — 伺う
2. 会う — お目にかかる
3. 言う — 申し上げる
4. 読む — 拝読する
5. もらう — いただく
6. 借りる — 拝借する
7. 知っている — 存じ上げる
8. やる／与える — 差し上げる
9. 見る — 拝見する
10. 見せる — お目にかける
11. 聞く — 拝聴する
12. 聞かせる — お耳に入れる
13. 来る — 頂戴する／伺う

「お目にかける」と「お目にかかる」を
混同しないこと

「謙譲語Ⅰ」の練習ドリル２

問 次の文章を、謙譲語Ⅰ（専用語）を使って完成させてください。

1　クラス会で山本先生に<u>会って</u>

2　先生から近況を<u>聞いた</u>

3　先生の元気なお姿を<u>見られて</u>

4　私たちもパワーを<u>もらった</u>

5　先生からご著書を<u>受け取って</u>

6　ひと言感謝の言葉を<u>言った</u>

7　ご著書を<u>読んだあと</u>

8　ぜひお礼状を<u>出したい</u>

「謙譲語Ⅰ」の練習ドリル2　　　解答

 次の文章を、謙譲語Ⅰ（専用語）を使って完成させてください。

1　クラス会で山本先生に会って
　　　　　　お目にかかって

2　先生から近況を聞いた
　　　　　伺った

3　先生の元気なお姿を見られて
　　　　　　　拝見できて

4　私たちもパワーをもらった
　　　　　　いただいた／頂戴した

5　先生からご著書を受け取って
　　　　　頂戴して／いただいて

6　ひと言感謝の言葉を言った
　　　　　　申し上げた

7　ご著書を読んだあと
　　　　　拝読後

8　ぜひお礼状を出したい
　　　　　差し上げたい

「謙譲語Ⅰ」の練習ドリル2　　　　　　　解説

1はそのほかの謙譲語Ⅰとして、「拝謁する」などもありますが、かなり敬意の高い表現です。「お会いして」とした人もいるかもしれませんが、「お〜する」はこの後学ぶ謙譲語Ⅰの<u>一般形</u>です。以下同様です。

2では、「聞く」の謙譲語Ⅰとして「拝聴する」もありますが、どちらかというと「先生の近況を拝聴した」のような形で使われます。

3の「見られる」は「見る」の可能形ですが、まずは「見る」→「拝見する」と謙譲語Ⅰに変換してから「する」を「できる」に言い換えます。

4と5は、「いただく」「頂戴する」という同じ表現を使います。「賜る(たまわ)」というさらに敬意の高い表現もあります。

6では、「申した」は使いません。

8は、「出す」をそのまま謙譲語Ⅰにすると一般形の「お出しする」になりますが、「差し上げる」のほうがふさわしいでしょう。

◎謙譲語Ⅰの一般形（付加型）をマスターしよう

尊敬語同様に、動詞を謙譲語Ⅰにするにあたっては、いくつかパターンがあります。よく使うものを覚えておくといろいろな動詞に適用できます。

〈お（ご）～する〉

最もよく使われる形です。
「聞く」→「お聞きする」、「連絡する」→「ご連絡する」
<mark>尊敬語の表現形式「お（ご）～になる」に似ているので、混同しない</mark>ようにしましょう。

自分がする行為なのに「お」や「ご」がつくのは、その行為の向かう相手を立てているからで、たとえば、「お眠りする」のように、相手がいない場合は使えません。

〈お（ご）～申し上げる〉

「お（ご）～する」の「する」を「申し上げる」に替えて、<mark>より敬意を高めた表現</mark>です。使い方は上の「お（ご）～する」と同じです。
「待つ」→「お待ち申し上げる」、「連絡する」→「ご連絡申し上げる」

> **例題** 「お（ご）～する」の形を使って、「会う」「食べる」「電話する」「確認する」「勉強する」を謙譲語Ⅰにしてみましょう。そのなかで、不自然なもの（使いづらいもの）はありますか？

会う → お会いする、食べる → お食べする

電話する → お電話する、確認する → ご確認する

勉強する → お（ご）勉強する

となりますが、「お食べする」「お（ご）勉強する」は少し変ですね。「食べる」「勉強する」という行為は自分で完結するので、敬意の向かう先がなく、謙譲語Ⅰにはなりにくいのです。

「お食べする」は、たとえば、「あなたの嫌いな食べ物を私が代りに食べて差し上げますよ」というような限定的な場面で使われることはありそうです。

「お勉強する」は「お勉強＋する」という美化語としては使われます。

〈〜ていただく〉

「いただく」は「もらう」の謙譲語Ⅰで、さまざまな表現に使われますが、「相手から恩恵を受ける」という意味が含まれています。

「聞く」→「聞いていただく」、「連絡する」→「連絡していただく」

〈お（ご）〜いただく〉

先の「〜ていただく」と同じように使いますが、「お（ご）〜していただく」にするのは間違いなので、気をつけてください。

「聞く」→「お聞きいただく」、「連絡する」→「ご連絡いただく」

〈お(ご)〜願う〉

相手に何かをしてもらいたいときに使う表現です。
「集まる」→「お集まり願う」、「容赦する」→「ご容赦願う」

例題　「〜ていただく」「お(ご)〜いただく」の形を使って、「会う」「見る」「電話する」「確認する」を謙譲語Ⅰにしてみましょう。

会う → 会っていただく／お会いいただく」
見る → 見ていただく／ご覧いただく
電話する → 電話していただく／お電話いただく
確認する → 確認していただく／ご確認いただく

この形では、言葉は謙譲語ですが、**行為の主体(たとえば「電話する」人)は自分ではなく相手(高める人)になる**点に注意が必要です。

第 2 章　敬語に言い換えてみよう

「謙譲語Ⅰ」の練習ドリル 3

問　3つのうち適切な謙譲表現を選んでください（複数選択可）。

1　課長、こちらの報告書を〜
　①ご一読していただけますか　②ご一読いただけますか　③一読願いますか

2　それでは、応接室に〜
　①ご案内します　②ご案内して差し上げます　③ご案内申し上げます

3　失礼ですが、お客様のお名前を〜
　①お聞きしてもよろしいですか　②お聞きになれますか　③お聞き願えますか

4　お客様、よろしければ商品をお車まで〜
　①運びますか　②お運びしましょうか　③お運びになりますか

5　パンフレットは郵送にて〜
　①お送りいたします　②送っていただきます　③送らせていただきます

「謙譲語Ⅰ」の練習ドリル3　　　解答

 3つのうち適切な謙譲表現を選んでください（複数選択可）。

1　課長、こちらの報告書を〜
①ご一読していただけますか　②ご一読いただけますか　③一読願いますか

2　それでは、応接室に〜
①ご案内します　②ご案内して差し上げます　③ご案内申し上げます

3　失礼ですが、お客様のお名前を〜
①お聞きしてもよろしいですか　②お聞きになれますか　③お聞き願えますか

4　お客様、よろしければ商品をお車まで〜
①運びますか　②お運びしましょうか　③お運びになりますか

5　パンフレットは郵送にて〜
①お送りいたします　②送っていただきます　③送らせていただきます

「謙譲語Ⅰ」の練習ドリル3　　解説

1　①は「ご一読して」の「して」が不要で、③は「ご一読願えますか」なら正解です。

2　②の「ご案内する」も「差し上げる」も正しい謙譲語Ⅰですが、「ご案内して差し上げる」となるとかなり恩着せがましい言い方に響きます。

3　②の「お聞きになる」は尊敬語、③「お聞き願う」は相手に聞いてもらいたいときに使う表現です。

4　①「運びますか」は丁寧語のみで、主語がどちらかわかりづらい。③の場合、尊敬語で、運ぶのはお客様になってしまうので、不適切です。

5　①と③は「(あなたに) 自分が送る」という意味の謙譲語Ⅰですが、②は、同じ謙譲語Ⅰでも、「相手に送ってもらう」という意味になるので、この場合は不適切です。

コラム 「営業をやらさせていただいています」？

「～(さ)せていただく」という言葉は、つけるだけで謙譲語になり、「へりくだり感」を出すのにも便利でよく使われますが、使い方には注意が必要です。

これは、謙譲語Ⅰの「～ていただく」の前に「させる」という使役の助動詞がついた言葉です。自分(側)が何かをするときに相手(高める人)の許可を得たり、それにより恩恵を受けたりすることに対し、恐縮する気持ちを示します。

「私、この店の店長をやらせていただいています山田です」などと言うと、店長を命じた自分の店に対する敬意となり、聞いているお客様にとっては違和感があります。

また、たまに「やらさせていただく」のようなミスも聞かれるので注意が必要です。活用のミスについては、第4章でも説明します。

「ご説明させていただいたあと、ご案内させていただき、ご質問にお答えさせていただきます」など、なんでもかんでも「～(さ)せていただく」とつけてしまうと、とくに耳障りなので、注意しましょう。

「謙譲語Ⅰ」の練習ドリル4

試してみよう！

問 次の文章を、謙譲語Ⅰ（一般形）を使って言い換えてください。

1　明日中にこちらから<u>連絡します</u>

2　明日中にメールで<u>連絡してほしい</u>

3　高橋様、弊社の部長の山田を<u>紹介します</u>

4　お客様、またのご来店を<u>待っています</u>

5　申し訳ございません。不手際を<u>許してほしい</u>

「謙譲語Ⅰ」の練習ドリル4 （解答）

 次の文章を、謙譲語Ⅰ（一般形）を使って言い換えてください。

1. 明日中にこちらから連絡します
 ご連絡します／ご連絡申し上げます／ご連絡させていただきます

2. 明日中にメールで連絡してほしい
 連絡していただけますか／ご連絡いただけますか／ご連絡願えませんか

3. 高橋様、弊社の部長の山田を紹介します
 ご紹介します／ご紹介申し上げます／ご紹介させていただきます

4. お客様、またのご来店を待っています
 お待ちしております／お待ち申し上げます

5. 申し訳ございません。不手際を許してほしい
 許していただけないでしょうか／お許し願えませんでしょうか

「謙譲語Ⅰ」の練習ドリル4　　　解説

1 連絡するのは自分なので、「お（ご）～する」「お（ご）～申し上げる」を使います。
「する」の部分を「いたす」に換えて「お（ご）～いたす」にして、「ご連絡いたします」とするとさらに丁重です。これはこのあとの謙譲語Ⅱで説明します。
また、「お（ご）～させていただく」という形も使えます。

2 連絡するのは相手なので、「～ていただく」「お（ご）～ていただく」「お（ご）～願う」の形を使います。

3 1と同じパターンです。「ご紹介いたします」も使えます。

4 「お（ご）～申し上げる」は、書き言葉でよく用いられますが、「お待ち申し上げます」「お待ち申し上げております」は接客でよく使われる表現です。

5 「お許しいただく」という言い方も使えます。

5 謙譲語Ⅱに言い換えてみよう

自分の行為などを丁重に述べる

◎丁重に聞こえるように使う

ここからはもう１つの謙譲語である謙譲語Ⅱへの言い換え方をトレーニングします。

謙譲語Ⅱは、「自分側の行為・ものごとなどを、相手（聞き手）に対して丁重に述べる言葉」です。謙譲語Ⅰのように『敬意の向かう先』を気にしなくてよいので使いやすいはずです。

丁重に聞こえるように使う言葉なので、通常丁寧語とセットで「申します」のように使われます。謙譲語Ⅰと比べて数も少ないので、さっと覚えてしまいましょう。

◎謙譲語Ⅱの特定形（置き換え型）をマスターしよう

謙譲語Ⅱは尊敬語や謙譲語Ⅰと同じく、専用の言葉がありますが、数は限られています。

右の表の「参る」「申す」「いたす」「おる」「存じる」「いただく（食べるの意）」だけですから簡単です。

謙譲語Ⅱは、「タクシーが参りました」「雨が降っております」のように、自分側の行為以外にも使うことができますが、対象がとくに立てなくても失礼でない場合に限られます。

第2章 敬語に言い換えてみよう

 謙譲語Ⅱの言い換え方一覧

動詞	特定形 （置き換え型）	行く／来る→参る 言う→申す する→いたす いる→おる 知る／思う→存じる 食べる→いただく
	一般形 （付加型）	〜いたす→連絡いたす 「する」の形のサ変動詞のみ ※お（ご）〜いたす 　お伝えいたす 謙譲語Ⅰと謙譲語Ⅱを兼ねた言い方
名詞	接頭辞	愚…愚見、愚息 小…小職、小社 拙…拙宅、拙文 弊…弊社、弊店 粗…粗品、粗茶 寸…寸志

※可能の意味をもたせたいときは、動詞を謙譲語Ⅱにしてから可能形にします。（例）行く→参る→参れる

◎謙譲語Ⅱの一般形（付加型）をマスターしよう

謙譲語Ⅱの一般形は「〜いたす」のみです。
「出席する」→「出席いたす」「承知する」→「承知いたす」
「〜する」の形をしたサ変動詞にのみ適用可能です。
「お（ご）〜いたす」という形もよくつかわれますが、これは**謙譲語Ⅰと謙譲語Ⅱを兼ねた表現**です。
「部長にお伝えいたします」は、「お〜する」という謙譲語Ⅰの機能で伝える相手（部長）を高めると同時に、「いたす」の謙譲語Ⅱの部分で聞き手に敬意を伝える表現です。

◎名詞の謙譲語Ⅱをマスターしよう

謙譲の意を表す接頭辞をつけます。前ページの表にある「愚」「小」「拙」「弊」「粗」「寸」を覚えておけば十分です。

これらは主に書き言葉とされますが、「弊社」「粗茶」など一部は話し言葉でも使われています。

例題 次の表現で使えるのはどれでしょうか？
　　　①私が参ります
　　　②（あなたは）これからどちらに参りますか
　　　③バスが参りました

「参る」という謙譲語Ⅱは、自分側のことを丁重に述べる語なので、①は当然使えます。②の「あなた」という高めるべき相手の行為に対しては使うことはできません。③は、「バス」という立てる必要のない事物が主語なので、使用できます。

「謙譲語Ⅱ」の練習ドリル1

問 次の文章の下線部にふさわしい表現を選んでください。

1 〈社外の方に〉わが社は創立10周年を迎えます
   ①当社　②弊社　③拙社

2 うちでつくっている雑誌をお送りします
   ①小誌　②恩誌　③寸誌

3 お口に合わないかもしれませんが、お茶でございます
   ①芳茶　②弊茶　③粗茶

4 うちの息子がお世話になっております
   ①子息　②愚息　③駄息

5 我が家に一度お越しください
   ①拙宅　②粗宅　③屋敷

「謙譲語Ⅱ」の練習ドリル1 （解答）

 次の文章の下線部にふさわしい表現を選んでください。

1　〈社外の方に〉わが社は創立10周年を迎えます
　　①当社　②弊社　③拙社
　　「当社」も使われますが、謙譲の意味はありません。

2　うちでつくっている雑誌をお送りします
　　①小誌　②恩誌　③寸誌

3　お口に合わないかもしれませんが、お茶でございます
　　①芳茶　②弊茶　③粗茶　　「芳」は尊敬語

4　うちの息子がお世話になっております
　　①子息　②愚息　③駄息　　「（ご）子息」は尊敬語

5　我が家に一度お越しください
　　①拙宅　②粗宅　③屋敷
　　「屋敷」は「広い立派な家」という意味で、自分の家には使いづらい言葉です。

第2章 敬語に言い換えてみよう

「謙譲語Ⅱ」の練習ドリル2

試してみよう！

問　次の文章の下線部を、謙譲語Ⅱを使って言い換えてください。

1　こんにちは。平井といいます

2　いつもお世話になっています

3　研修の打ち合わせに来ました

4　プログラムはいかがしましょうか

5　今後ともよろしくお願いします

「謙譲語Ⅱ」の練習ドリル2 （解答）

 次の文章の下線部を、謙譲語Ⅱを使って言い換えてください。

1　こんにちは。平井と<u>いいます</u>
　　　　　　　申します

2　いつもお世話になって<u>います</u>
　　　　　　　おります

3　研修の打ち合わせに<u>来ました</u>
　　　　　　　参りました

4　プログラムはいかが<u>しましょうか</u>
　　　　　　　いたしましょうか

5　今後ともよろしく<u>お願いします</u>
　　　　　　　お願いいたします

5は「お〜いたす」の形なので、謙譲語Ⅰを兼ねた謙譲語Ⅱで、お願いする相手への敬意が込められた丁重な表現です。

第 2 章　敬語に言い換えてみよう

コラム　「ご持参ください」は失礼？

「参る」や「申す」は謙譲語Ⅱにあたるため、本来は「自分」や「自分側」に使います。

ところが、「持参」や「申し込み」のように、「参」「申」が含まれる表現が多くあり、「相手に使ったら失礼ですか？」という質問をよく受けます。

結論を言うと、「持参」「申し込み」「申し出」などの表現の「参る」「申す」には謙譲の働きはなく、相手側に使ってもとくに問題はありません。

「ご持参ください」「お申し込みいただけます」「お申し出ください」のように、他の敬語を伴って敬意を表すことができます。

それでも気になるようでしたら、「お持ちください」「ご応募ください」「おっしゃってください」のように言い換えるとよいでしょう。

以上で敬語のつくり方は終了です。お疲れ様でした。
　丁寧語・美化語・尊敬語・謙譲語Ⅰ・謙譲語Ⅱ、それぞれの役割と機能、そして形式をしっかりマスターできましたか。
　敬語を話すうえで必須のスキルなので、何度でも読み返してください。

第 **3** 章

敬語を使ってみよう

1 状況に合わせて敬語を使い分けよう

ウチとソトを区別して使う

◎**場面によって使い分ける**

敬語は適切な場面で適切に使うことが必要です。どんな場面でも、必ず敬語を使ったほうがよいわけではありません。

たとえば、親しい友人・同僚との雑談の場で「ご覧ください」「わたくしがいたします」など尊敬語や謙譲語を使えば、違和感があり、会話もスムーズに進まないでしょう。

一方、同じ親しい相手であっても、会議やオフィシャルな場では、「見て」「ボクがするよ」では、場をわきまえない発言となり、信用を失ってしまいます。

敬語は使うべき場面とそうでない場面があります。

例題 敬語が必要な場面を挙げてみましょう。

敬語が必要な場面としては、「会議」「報告・連絡・相談」「電話応対」「店頭（接客の場）」など、ビジネスのコミュニケーション全般が当てはまります。

また、「スピーチ」「会合」「社交の場」などの社会生活も多くが敬語を必要とします。

「家庭」に関しては、昔は親に向かっては敬語で話すことが一般的でしたが、現代は関係がフラットになり、「お父様がおっしゃった」という言い方は少なくなりました。

第 3 章　敬語を使ってみよう

◎相手（人）によって使い分ける

相手によって敬語を使い分けることも大切です。

当然、**目上の人**や**親しくない人**と話す際は敬語を使います。相手を立てて自分を下げるのが基本です。ただ、**話題の人物**（自分でも相手でもない第三者）をどうするかは状況によるので注意が必要です。

◎ウチとソトに注意しよう

敬語を使ううえでは、**ウチ（自分側）、ソト（相手側）の区別**が必要です。

「あなた」と「私」で話している場合、「あなた」はソト、「私」はウチになります。会話のなかに、たとえば相手の家族が出てきたら、その人は「相手側の人物」としてソトとなり、尊敬語を使う対象となります。一方、自分の家族のことを話す場合は、「自分側の人物」として、自分同様に謙譲語を使うことになります。

ビジネスでは、**自分の会社（組織）＝自分の身内**と考えて、ウチ扱い、**相手の会社（組織）＝相手の身内**としてソト扱いになります。

気をつけたいのは、**決してウチを立てない（高めない）**、ということ。

たとえば、社内で中村部長のことを話す場合、「中村部長はこれからいらっしゃいます」と尊敬語を使いますが、社外のお客様に対して伝える場合は、「中村はこれから参ります」と謙譲語（ここではⅡ）を使います。

ソトの人に対して、「中村部長」「いらっしゃる」という身内である中村氏を高める言い方をするのは不適切で、聞き手のお客様に失礼になります。

例題　「お母さんがよろしくと言っていました」を知り合いに伝えるときにふさわしい言い方にしてみましょう。

「母がよろしく（お伝えするように）と申しておりました」となります。
　最近は、「ママ」と比べてなのか、「お母さん」がよそ行きの言葉（敬語）として使われることも増えてきましたが、本来はソトに向かって使う言葉ではありません。
　謙譲語は「母」、尊敬語が「お母さん」「お母様」「母上」「御母堂」などです。「母親」というのはニュートラルな表現で、一般的には使いますが、自分側に使うには謙譲の意味が含まれていないため、好ましくありません。
　「言う」は「申す」、「いる」は「おる」という謙譲語Ⅱを使います。この場合、直接相手に「よろしく」と言っているわけではないので、「申し上げる」という謙譲語Ⅰは使えません。

第 3 章　敬語を使ってみよう

 ウチとソトで敬語を使い分ける

敬語は人に対して礼儀を示す言葉なので、
礼儀を示す相手が変われば、使う敬語も変わってきます

コラム　ウチとソトは意外と複雑？

　身内か外部かという線引きは固定したものではありません。状況が違えば変わります。

　たとえば、社内で電話を受けている自分にとって、基本的にはかけてくる社外の方は「ソト」、名指し人である社員Aは「ウチ」になります。ところが、もし電話をかけてきたのがその社員の家族だったらどうでしょうか。

　| 自分＋社員A |　対　| 社員Aの家族 |　ではなく、

　| 自分 |　対　| 社員A＋その家族 |　となり、

自分にとって、社員Aとその家族がソトになるのです。

　ですから、対応は「Aさんはただいま外出していらっしゃいます」のように、尊敬語でAさんを立てる必要があります。

　また、社内でもどこまでを身内とするか、判断に迷うこともあります。

　たとえば、他部署から電話があって、「B部長をお願いします」と言われた場合、「Bはただいま席を外しております」と言うのか、「B部長はただいまお席にいらっしゃいません」と言うのか。

　どちらが正解ということはなく、相手や相手の部署との距離感で判断する必要があります。

「敬語の使い方」練習ドリル

問 下線部を言い換えるのに適切な表現を選んでください。

1 （来客に対して）ただいま、<u>山下課長は外出しています</u>
   ①山下課長は外出されていらっしゃいます　②山下課長は外出中です　③山下は外出しております

2 （店員がお客様に対して）店長に<u>聞いてきます</u>ので、少々お待ちください
   ①聞いて参ります　②お聞きして参ります　③伺って参ります

3 （招待客に対して）それでは<u>当社の野口社長から挨拶します</u>
   ①野口社長よりご挨拶いただきます　②野口よりご挨拶していただきます　③野口よりご挨拶申し上げます

4 （取引先の人からの伝言に）その件はたしかに園田に<u>伝えます</u>
   ①お伝えします　②申し伝えます　③お伝え申し上げます

「敬語の使い方」の練習ドリル　　　　　解答

 下線部を言い換えるのに適切な表現を選んでください。

1　（来客に対して）ただいま、山下課長は外出しています
　　①山下課長は外出されていらっしゃいます　②山下課長は外出中です　③山下は外出しております

2　（店員がお客様に対して）店長に聞いてきますので、少々お待ちください
　　①聞いて参ります　②お聞きして参ります
　　③伺って参ります

3　（招待客に対して）それでは当社の野口社長から挨拶します
　　①野口社長よりご挨拶いただきます　②野口よりご挨拶していただきます　③野口よりご挨拶申し上げます

4　（取引先の人からの伝言に）その件はたしかに園田に伝えます
　　①お伝えします　②申し伝えます　③お伝え申し上げます

第3章　敬語を使ってみよう

「敬語の使い方」練習ドリル　　　解説

1 「課長」は役職であると同時に尊称にもなります。「課長の山下」という表現なら問題ありません。当然「いらっしゃる」という尊敬語ではなく、「おる」という謙譲語を使います。

2 ②の「お聞きする」も③の「伺う」も謙譲語Ⅰですから、誰から聞くか、聞く相手、この場合店長への敬意が含まれてしまいます。店長はウチですので、ソトのお客様に対して身内を立てることになり不適切です。

3 当社は入れるなら弊社に換えるとよいでしょう。①は「ご〜いただく」と、挨拶する社長を立てそれを受ける側をへりくだらせた表現で、社内の会合やパーティなら適切です。②は「ご〜していただく」という「ご〜する」と「いただく」を合わせた言い方で、正しい敬語ではありません。③は「ご〜申し上げる」という謙譲語Ⅰで、挨拶を受ける招待客への敬意が含まれていてこの場合ふさわしい言い方です。

4 ①「お〜する」③「お〜申し上げる」は謙譲語Ⅰで、伝える先（園田氏）への敬意になってしまいます。この場合、園田氏は同じ社内のウチ、取引先の人がソトになるので、身内を高めるのは不適切です。②「申し伝える」は「申す」（謙譲語Ⅱ）＋「伝える」で、自分の行為を丁重に伝える表現として適切です。

2 敬語の誤用に気をつけよう

過剰になると言葉として不適切

◎不使用・不十分なケース

ウチとソトの使い分け以外にも、敬語の誤用（不適切な使い方）はよくあります。ここではよくあるミスを取り上げて、正しい敬語の使い方を確認します。

まずは、不使用・不十分なケースです。

敬語のなかでも、とくに尊敬語は使うべきときに使わないと失礼になります。「名前」「住所」「家族」などの相手の所有・付属物に関しては、基本的に「お」「ご」をつけます。

また、丁寧語「ございます」をつければ丁寧になると思って、どこにでもつける人がいますが、「ございます」は自分側以外には使いづらい面があります。敬意を示すなら、

「平井様でございますね」→「平井様でいらっしゃいますね」

「先生はどちらにお住まいでございますか」→「お住まいでいらっしゃいますか」

のように尊敬語「いらっしゃる」を使うほうがよいでしょう。

◎過剰な敬語に気をつける

敬語を重ねればそれだけ丁寧になるというわけではありません。過剰になると言葉として不適切なだけでなく、冗長になるのでなるべく避けます。

〈二重敬語〉

二重敬語とは、1つの語について、同じ種類の敬語を二重に使ったものです。次のような言い方は敬語の誤用です。

尊敬語：×おっしゃられる（おっしゃる＋れる）
　　　　×お読みになられる（お読みになる＋れる）
謙譲語：×お差し上げする（お〜する＋差し上げる）

ただし、以下の言葉は習慣として定着しているため、許容されています。

尊敬語：お召し上がりになる・お見えになる
謙譲語：お伺いする・お伺いいたす・お伺い申し上げる

なお、同じ種類の敬語を重ねるのではなく、2つ以上の語をそれぞれ敬語にしてつなげることを「敬語連結」と言い、問題ありません。

（例）お読みになっていらっしゃる（お読みになる＋いらっしゃる）

〈「お」と「ご」のつけすぎ〉

私の「ご意見」「お名前」「お電話番号」など、自分側に「お」や「ご」をつけるのは基本的には不適切です。（「ご挨拶」のように相手にかかわる謙譲語Ⅰを除く）

私の「お洋服」「お友だち」などの言い方は美化語ともとれますが、やや幼稚に聞こえます。

◎相手側に謙譲語を使ってはいけない
〈尊敬語と謙譲語の取り違え〉

　謙譲語のつもりで自分側に尊敬語を使ってしまうミスは少ないのですが、相手側に尊敬語のつもりで謙譲語を使ってしまうことはよくあります。

（例）×どうぞいただいてください（「いただく」は「食べる」の謙譲語）

　　　×提案書は拝見してくださいましたか（「拝見する」は「見る」の謙譲語）

〈謙譲語と尊敬語のミックス〉

　謙譲語に尊敬語を足して、尊敬語として使うケースも目立ちます。

（例）×おられる（謙譲語Ⅱ「おる」＋尊敬の助動詞「れる」）
　　　　　※地域により許容
　　　×申される（謙譲語Ⅱ「申す」＋尊敬の助動詞「れる」）

〈形が紛らわしい敬語〉

　謙譲語Ⅰの「お・ご～する」「お・ご～できる」は「お」「ご」がついているためか、尊敬語と混同されることがあります。

（例）×お待ちしていただけますか
　　　（正しくは「お待ちいただけますか」）
　　　×そちらの商品券はご利用できます
　　　（正しくは「ご利用になれます」）

◎謙譲語を使い分ける

〈謙譲語Ⅰと謙譲語Ⅱの混同〉

「存じる」と「存じ上げる」、「申す」と「申し上げる」は、それぞれ前者が謙譲語Ⅱ、後者が謙譲語Ⅰで使い方が異なります。敬意の向く先のあるなしで使い分けましょう。

例題 次の場合、どちらの言葉が適切ですか？

1　先生のお名前は（存じております／存じ上げております）
2　健康管理が大切なことはよく（存じております／存じ上げております）
3　ご迷惑とは（存じます／存じ上げます）が、〜

　1は、知っている先の先生（のお名前）を高めるため、謙譲語Ⅰ「存じ上げております」を使います。2では、知っている内容をとくに高める必要はなく、謙譲語Ⅱ「存じております」を使います。
　1と2は「知っている」の謙譲語ですが、3は「思う」の謙譲語です。「思う」という意味では「存じます」が一般的です。

二重敬語は敬語の間違った使い方

 おっしゃられる（おっしゃる＋れる）

 お読みになられる（お読みになる＋れる）

 お差し上げする（お～する＋差し上げる）

二重敬語とは、1つの語について
同じ種類の敬語を二重に使ったもの

「敬語の誤用」練習ドリル

問 次の文章の下線部を適切な言い方に直しましょう。

1　社長はいつもお元気で<u>ございますね</u>

2　資料は<u>ご覧になられましたか</u>

3　お客様がいらっしゃられたら応接室へ<u>ご案内してください</u>

4　田中さんには<u>お目にかかりましたか</u>

5　お客様の<u>申されるように</u>、こちらのミスです

6　恐れ入りますが、今週中に<u>ご連絡してください</u>

7　停電中は<u>ご使用できません</u>

「敬語の誤用」練習ドリル　　解答

 次の文章の下線部を適切な言い方に直しましょう。

1　社長はいつもお元気でございますね
　　　　　　　　　いらっしゃいますね

2　資料はご覧になられましたか
　　　ご覧になりましたか

3　お客様がいらっしゃられたら応接室へご案内してください　いらっしゃったら

4　田中さんにはお目にかかりましたか
　　　　　　　　お会いになりましたか

5　お客様の申されるように、こちらのミスです
　　　　　　おっしゃるように

6　恐れ入りますが、今週中にご連絡してください
　　　　　　　　　　　　　ご連絡ください

7　停電中はご使用できません
　　　　　ご使用になれません／ご使用いただけません

「敬語の誤用」練習ドリル　　解説

　1は社長を高めるために尊敬語「いらっしゃる」を使います。

　2は尊敬語「ご覧になる」だけで十分で「れる」を重ねる必要はありません。

　3も同様で、「いらっしゃる」を使います。「ご案内してください」という表現は謙譲語Ⅰ「ご〜する」＋尊敬語「くださる」ですが、問題ありません。この場合は、「ご案内する」で案内するお客様を高め、「ください」で聞き手（案内者）に敬意を示しています。このように、謙譲語Ⅰは自分側だけでなく、相対的に高めなくてもよい人物にも使えます。

　4の「お目にかかる」は謙譲語Ⅰで自分が主語のときに使います。

　5の「申される」は謙譲語Ⅱ「申す」に尊敬の助動詞「れる」がつき、正式な敬語ではありません。「言う」の尊敬語「おっしゃる」を使います。

　6の「ご連絡してください」の形は3と同様ですが、相手が私に連絡するので、「ご連絡して」の部分が不適切です。尊敬語「ご〜くださる」を使います。

　7の「ご〜できる」は「ご〜する」の可能形です。謙譲語ですから自分（側）が主語で「（私どもで）ご用意できます」のように使うべきですが、このような誤用が目立ちます。

第2部

信頼される言葉遣いをマスターしよう

第 **4** 章

相手・状況に応じた言葉を選ぶ

1 口癖を見直そう

相手に違和感を与える言葉遣いを改める

◎流行り言葉は安易に使わない

　第1部では敬語の使い方をトレーニングし、多少自信がついたことと思います。ただし、正しい敬語を話せるだけでは、コミュニケーションはうまくいきません。相手との関係や状況を考慮し、その場にふさわしい言葉遣いができなければビジネスはスムーズにいかず、ビジネスパーソンとしての常識や品位を疑われることにもなりかねません。

　第2部では、相手や状況に合わせた効果的な表現をトレーニングしていきます。これをマスターすることで、相手とのコミュニケーションがスムーズにいくだけでなく、あなた自身の信頼感が向上します。

　まずは若者言葉などのビジネスでは強い違和感を与える表現や、耳障りな口癖を確認し、改めていきます。「電車がトラブって遅刻っす。マジむかつく」などと言うのは論外ですが、気づいていないうちに「染み込んで」いて口から出てしまう言葉もあるはずです。

　口癖といえば、「え〜」「あのう」などのフィラー（つなぎ言葉）を思い浮かべるかもしれませんが、それ以外も多くあります。まず、右ページのチェックリストで自分の口癖を確認してみましょう。

第 4 章　相手・状況に応じた言葉を選ぶ

 信頼感を損ねる口癖チェックリスト

	口癖	✓	注
フィラー	え〜、え〜と		
	あのう、そのう		
若者語	超、マジ、鬼、神		強調語
	無理、あり得ない		否定・拒否
	〜っぽい		
	やばい、フツウに		評価
マニュアル敬語※1	〜のほう		ぼかし言葉 ※2
	よろしかったですか		※2
	大丈夫ですか		※2
	○円からお預かり		
その他	一応、ちょっと		曖昧
	○○的		ワタシ的 ※2
	とか		単数で使用 ※2
文法ミス	見れる、食べれる		ら抜き言葉
	休めれる		れ足す言葉
	帰らさせていただく		さ入れ言葉

※1　以前はファミコン語とも呼ばれた、コンビニエンスストアやファミリーレストランのアルバイトなどに見られる間違った敬語です。
※2　本来の正しい用法とは違う使われ方。

例題 「報告書のほうは、これから部長にダイレクトに提出するんでよろしかったですか」を改まった表現に言い換えてみましょう。

改まった表現は、「報告書は、これから部長に直接（ご）提出してよろしいでしょうか」です。

「ほう（方）」は、複数の選択肢から選ぶ場合（AとBではAのほうがよい）や、方角を言う場合（北の方、郵便局の方へ）に使います。それ以外は単なるぼかし言葉で曖昧に聞こえるので、とくに別のもの（たとえば「請求書」）と比べているのでなければ、ここでは不要です。

カタカナ言葉は安易に使いすぎないようにします。「ダイレクト」は一般的に使われる表現なので、このままでも構いませんが、「直接」のほうがフォーマルな印象です。

「よろしかったですか」は、これからする行為に対する確認ですから、過去形にする必要はなく、「よろしいですか」「よろしいでしょうか」を使います。

「改まった表現」の練習ドリル1

問 次の表現を改まった表現に言い換えてみましょう。

1　それってあり得ないですよね

2　「この服すごいカワイイ」
　　「逆にこのマフラーもチョーカワイクないですか」

3　〈その商品は売り切れのはずだが〉一応在庫のほうを調べてみますが……

4　〈初対面の人に向かって〉私ってのんびりした性格じゃないですか

5　納品ミスで、マジむかつく

「改まった表現」の練習ドリル1   （解答）

 次の表現を改まった表現に言い換えてみましょう。

1 それってあり得ないですよね
   それは考えにくいと存じます

2 「この服すごいカワイイ」
   「逆にこのマフラーもチョーカワイクないですか」
   「この服はとても可愛いらしいですね」
   「(そうですね) それにこのマフラーもとても素敵だと思います」

3 〈その商品は売り切れのはずだが〉一応在庫のほうを調べてみますが……
   念のため在庫をお調べいたします

4 〈初対面の人に向かって〉私ってのんびりした性格じゃないですか
   じつは、私はのんびりした性格なのですが

5 納品ミスで、マジむかつく
   納品の手違いで、非常に困惑しております

第4章 相手・状況に応じた言葉を選ぶ

「改まった表現」の練習ドリル1   解説

1 「あり得ない」というとても強い否定は、独断的に響くことがあります。とくに相手の話を否定する場合は使わないほうがいいでしょう。

2 なんでも「カワイイ」ですまさず、ほかの語彙も使いこなせると表現に深みが出ます。「すごい」という強調の表現は、もとは「凄む」から「ひどい」意味合いで使われていましたが、今はよい意味でも悪い意味でも使われます。ただし、改まった印象ではありません。また、形容詞は「すごい」(すごい事件)、副詞は「すごく」(すごく美味しい)なので、カワイイという形容詞を修飾するには「すごく」が正式です。
逆説ではない「逆に」という言い方も増えていますが、ここでも意味のつながりがなく不適切です。

3 「一応」という言葉は、相手を「本当にきちんと調べてくれるのか」と不安にさせるので避けます。曖昧な印象にならないように文尾もぼかさないほうがよいでしょう。

4 相手に対する質問ではない「〜じゃないですか」という表現が、軽い確認や話を切り出すときに使われる傾向があります。この場合は言い切るのが自然です。

5 感情語のなかでも「むかつく」「うざい」のようなネガティブな感情をストレートに伝える言葉は「子ども」っぽく、「品位」を損ないます。どうしても伝える必要があるのであれば、婉曲的な表現を用いましょう。

コラム 「お箸は大丈夫ですか」「大丈夫です」

「大丈夫」はいろいろな場面でよく使われますが、もとは「立派な男子」を指し、「丈夫でしっかりしている／危なげなく安心できる」という様子を意味します。ビジネスでも「問題ない」という意味で使われることが多くなってきました。

コンビニで「お箸は大丈夫ですか」「大丈夫です」などという言い方をよく聞きますが、これは、「お箸をおつけしなくても問題ないでしょうか」「なくても問題はないので結構です」という意味を遠回しで伝えているのだと思われます。ただ、正式な用法とは言えず、「お箸をおつけしますか」「いえ、結構です（不要です）」としたほうが意味もしっかり伝わります。

このように、「なくても問題ない／不要」という意味で使う「大丈夫」（例：主任、お手伝いは大丈夫ですか）に注意しましょう。

ビジネスでアポイントメントをとる際に使う「○日の○時は大丈夫ですか」「大丈夫です」というやりとりは、「お忙しいことと思うので難しいかもしれないが」という前提で問題ないか確認し合うのであれば、使っても差し支えないでしょう。

ただし、丁寧に表現するのであれば、「いかがでしょうか／よろしいでしょうか」→「はい、結構です／その日時でお願いいたします」という言い方が一般的です。

「改まった表現」の練習ドリル2

試してみよう！

問 次の文章でA・Bどちらが文法的に正しい言い方でしょうか。

1 こんなにたくさん（A 食べれない　B 食べられない）

2 朝7時に（A 来れますか　B 来られますか）

3 こちらから富士山が（A 見れます　B 見られます）

4 難しい漢字が（A 読める　B 読めれる）

5 オリンピックに（A 行けるよう　B 行けれるよう）頑張る

6 お先に（A 帰らせて　B 帰らさせて）ください

7 担当の者を（A 伺わせます　B 伺わさせます）

8 会議の資料を（A 配らせて　B 配らさせて）いただきます

「改まった表現」の練習ドリル 2 （解答）

 次の文章で A・B どちらが文法的に正しい言い方でしょうか。

1　こんなにたくさん（A 食べれない　B 食べられない）

2　朝7時に（A 来れますか　B 来られますか）

3　こちらから富士山が（A 見れます　B 見られます）

4　難しい漢字が（A 読める　B 読めれる）

5　オリンピックに（A 行けるよう　B 行けれるよう）頑張る

6　お先に（A 帰らせて　B 帰らさせて）ください

7　担当の者を（A 伺わせます　B 伺わさせます）

8　会議の資料を（A 配らせて　B 配らさせて）いただきます

第4章 相手・状況に応じた言葉を選ぶ

「改まった表現」の練習ドリル2　解説

　いずれも目立つ文法のミスです。口癖になっているようでしたら、ここで見直しましょう。

　1～3は可能を表すときの間違いでAは「ら抜き言葉」です。「れる・られる」は、可能・尊敬・自発・受身の4つを表す助動詞です。第1部の「尊敬語」の項で学んだように、「れる」は五段とサ変（する）、「られる」はそれ以外につきます。「食べる」（下一段）「来る」（カ変）「見る」（上一段）はすべて「～られる」がつきます。口語では「ら」が抜けることが多いのですが、今のところは正式な日本語ではないため、注意しましょう。

　4と5は、逆に入れる必要のない「れ」を足してしまう現象で、Bは「れ足す言葉」と呼ばれます。じつは五段活用動詞（読む、行く）はそれぞれ「可能動詞」（読める、行ける）をもっていて、先に述べた「＋れる」（読まれる、行かれる）は使わず、可能動詞を使います。「読める」「行ける」だけで可能形なので、それに「れ」を足す必要はありません。

　6～8は「～（さ）せていただく」の必要のない「さ」を入れる現象で、Bは「さ入れ言葉」と呼ばれます。P76のコラムでも少し触れましたが、意外と多いミスです。

　使役の助動詞「（さ）せる」は、五段とサ変（する）には「せる」がつき、それ以外には「させる」がつきます。「帰る」「伺う」「配る」はすべて五段活用動詞なので、「せる」が正しく、「させる」をつけるのは間違いです。

2 相手に配慮して伝えよう
あえてストレートに言わない

◎**正しい内容も言い方次第**

コミュニケーションにおいては、相手に配慮して伝えることも大切です。言葉遣い＝気遣いと言われる所以（ゆえん）です。

論理的に正しい内容であっても、言い方が悪いと相手を不愉快にさせたり、感情の行き違いを生んだりして、目的を果たせないばかりか関係をこじらせることもあるので注意が必要です。

ビジネストークでは、とかく「わかりやすさ（論理性）」が優先されますが、ときにはわざとストレートに言わず、婉曲的に伝えることで、丁寧さや相手への配慮を表す必要もあります。

ここからは、そうした気遣いの表現をマスターしていきましょう。

◎**婉曲的な伝え方をする**

①**いきなり切り出さない**

「クッション言葉」と言われる前置きを入れると効果的です。クッション言葉は次項で取り上げます

②**直接的な言い方は避ける**

相手の能力や欲望を直接尋ねることは避けます。

（例）できますか、したいですか

第 4 章　相手・状況に応じた言葉を選ぶ

③語感・聞こえのよい言葉を選ぶ

命令形→依頼形
（例）してください → していただけますか

否定形 → 肯定形
（例）できません → いたしかねます

ネガティブ表現 → ポジティブ表現
（例）困難な → 挑戦しがいがある

例題 「部長もコーヒーを飲みたいですか」はどこがおかしいでしょうか？

この場合、「飲みたいですか」を「お飲みになりたいですか」と尊敬語にしても不適切です。目上の人には欲望を直接訊くことは避け、「飲む」「飲まない」という事実の確認ですませ、「部長もコーヒーをお飲みになりますか」とするのが一般的です。

または、「コーヒーをお入れしましょうか」「コーヒーはいかがですか」などの言い方も使えます。

コラム 目上に失礼な言葉1

　昔から目上には「ほねかき言葉」を避けると言われてきました。「ほめる」「ねぎらう」「可能かどうか能力を尋ねる」「許可する」表現には注意が必要です。

①お上手ですね
「上手」は子どもへは使えても、大人には違和感があります。上司のプレゼンに「お上手ですね」はやめたほうがいいでしょう。「素晴らしい○○です」「さすがですね」などの賛辞に換えます。

②ご苦労様でした
　本来自分のために働いてくれた人をねぎらう言葉で、対等以上には使いづらいものです。「お疲れ様でした」なら問題ありませんが、「ありがとうございました」と感謝を述べるほうが丁寧です。

③おわかりですか
　相手の能力にかかわることを直接尋ねることになり、失礼にあたります。「ご理解いただけましたでしょうか」「何かご不明な点はございませんか」などの表現に換えます。

④よろしいです
　許可を与える言葉なので、こちらの立場が上に聞こえます。「そちらで結構です」「それでお願いいたします」「そうしていただけると助かります」など自分を下にした言い方が相応しいでしょう。

第4章 相手・状況に応じた言葉を選ぶ

「配慮した言い方」の練習ドリル

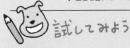

問 次の文章の下線部を婉曲的に言い直してください。

1 いただいたメールにファイルが<u>添付されていませんでした</u>

2 その仕事は私には<u>無理です</u>

3 急に言われてもこの場では<u>返答できません</u>

4 佐藤さんは<u>老けて見える</u>

5 この英文のレポートを明日までに<u>読めますか</u>

123

「配慮した言い方」の練習ドリル　　〔解答〕

 次の文章の下線部を婉曲的に言い直してください。

1. いただいたメールにファイルが<u>添付されていませんでした</u>

   添付されていないようです／見当たりませんでした

2. その仕事は私には<u>無理です</u>

   　　　　　難しい状況です／力不足です

3. 急に言われてもこの場では<u>返答できません</u>

   　　　　　この場では返答いたしかねます
   　　　　　明日までにご返答いたします

4. 佐藤さんは<u>老けて見える</u>

   　　　　　年齢の割に落ち着いている
   　　　　　歳よりも大人びている（若い人向き）

5. この英文のレポートを明日までに<u>読めますか</u>

   　　　　　お目通しいただけますか
   　　　　　見ていただくことは可能でしょうか

「配慮した言い方」の練習ドリル 解説

1　実際に相手のミスで添付されていないのが確実でも、「(私の勘違いでなければ) 〜されていないようです」などとぼかして伝えるのが大人の言い方です。

2　「無理」という言葉は非常にきつい拒否で、相手に交渉の余地を与えない表現です。「やらない」のではなく、「やりたくてもできない」ということを事情や理由（状況や能力）を添えて説明することが必要です。

3　いわゆる「かねます言葉」は単体で使うと慇懃無礼な印象を与えることもあります。声のトーンや表情で申し訳ない気持ちを表現しましょう。相手の希望に添えない場合、たとえば、「白いシャツが売り切れで用意できない」なら、「ブルーのシャツでしたらご用意できます」といった「できる」ことに焦点を当てた言い換えも効果的です。

4　物も言いようと言われますが、欠点であっても見る角度を変えてみると長所につながることもあります。「コップに水が半分しかない」よりも「半分もある」というポジティブな表現の癖をつけると、気持ちも前向きになるかもしれません。

5　こちらとしては「期限」を確認しているつもりでも、相手は「能力」を問われたととらえて不快になるかもしれません。誤解されない表現を選択しましょう。

コラム 目上に失礼な言葉2

　相手を不快にさせるリスクのある、そのほかの表現です。

⑤了解しました

　「了解する」は「物事の意味を理解する、承認する」ことで、対等な立場で使います。お客様や上司には、「謹んで相手の要望を受け入れる」という意味の「かしこまりました」「承りました」「承知いたしました」を使いたいところです。

⑥なるほど／たしかに

　よく使われる相づちですが、言い方によっては偉そうに聞こえます。「なるほど、おっしゃるとおりです」「なるほど、〜ですね」など復唱や同意・共感の言葉を添えると気になりません。

⑦参考にします／参考になりました

「参考」は「考える際の足し」という意味で、「ご参考になれば幸いです」などと謙遜（けんそん）して言う言葉です。目上の方には「大変勉強になりました」「さっそく取り入れます」「アドバイスありがとうございました」のように言うことをおすすめします。

⑧頑張ってください

　よく使う励ましの言葉で、ある程度親しい間柄なら目上にも使っても構いませんが、お客様やはるかに立場が上の方には、「お大事になさってください」「ご自愛ください」「ご健勝（ご成功）をお祈りいたします」など、言い方を工夫します。

第4章 相手・状況に応じた言葉を選ぶ

 目上の人への「ほねかき言葉」に注意

ほめる表現

× お上手ですね

○ 素晴らしい○○です

ねぎらう表現

× ご苦労様でした

○ お疲れ様でした

可能かどうか能力を尋ねる表現

× おわかりですか？

○ ご理解いただけましたでしょうか

許可する表現

× よろしいです

○ そちらで結構です

3 クッション言葉を使いこなそう

言いにくいことを上手に伝える

◎「強い内容」を和らげる言い方

「クッション言葉」とは、「衝撃を和らげる作用のある言葉」のことです。

　たとえば、お店に入ってAランチを注文した際に、いきなり「ありません」「売り切れました」と言われたらムッとするでしょう。たいていは、「申し訳ございませんが」「すみませんが」「あいにく……」と前置きがあり、その時点で「あ、もうないのかな」と断られる予想（＝心の準備）ができるのではないでしょうか。

　ビジネスのコミュニケーションでも、第5章で取り上げる「依頼」「断り」や「反論」「催促」など言いにくいことを伝える場面が多くあり、衝撃を和らげる言葉が必要です。

　まずは右ページで、さまざまなシーンで使えるクッション言葉をマスターしておきましょう。

さまざまなクッション言葉

共通	申し訳ございませんが／申し訳ありませんが
	大変失礼ですが
	恐れ入りますが／恐縮ですが
依頼する・尋ねる場合	お手数ですが／お手数をおかけしますが
	ご面倒ですが
	ご足労ですが／ご足労をおかけしますが
	よろしければ
	お差し支えなければ
断る場合	あいにく／あいにくですが
	残念ながら／残念ですが
	心苦しいのですが
	勝手ながら／勝手を申しますが
	申し上げにくいのですが
	せっかくですが
その他	さっそくですが
	ご存じとは思いますが／ご承知のことと存じますが
	僭越(せんえつ)ながら／僭越ですが

言いにくいことはクッション言葉を使って

「クッション言葉」の練習ドリル1

問 次の言葉を丁寧なクッション言葉に換えてみましょう。

1　すごく悪いけど

2　ぶっちゃけ

3　面倒かけるけど

4　言いにくいんですが

5　忙しいとは思うけど

6　よかったら

7　残念だけど

「クッション言葉」の練習ドリル1 解答

 次の言葉を丁寧なクッション言葉に換えてみましょう。

1　すごく悪いけど
　　誠に申し訳ございませんが

2　ぶっちゃけ
　　正直なところ／本音を申しますと

3　面倒かけるけど
　　ご面倒をおかけしますが

4　言いにくいんですが
　　申し上げにくいのですが

5　忙しいとは思うけど
　　お忙しいとは存じますが／ご多用中恐縮ですが

6　よかったら
　　もしよろしければ／お差し支えなければ

7　残念だけど
　　残念ながら／あいにくでございますが

第4章 相手・状況に応じた言葉を選ぶ

「クッション言葉」の練習ドリル2

試してみよう！

問 次の文章にふさわしいクッション言葉を入れてください。万能の「申し訳ございませんが」「恐れ入りますが」以外で考えてみましょう。

1　申し訳ございません。（　　　　）山田はただいま席を外しております

2　大変（　　　　　　　）この件はお断りさせていただきます

3　（　　　　　　）明日は先約があり、パーティには伺えません

4　（　　　　　　　　）また後日お越しいただけますでしょうか

5　お忙しいかと存じますので、（　　　　）本題に入らせていただきます

6　（　　　　　　　　）ご連絡先を伺ってもよろしいでしょうか

「クッション言葉」の練習ドリル2 （解答）

 次の文章にふさわしいクッション言葉を入れてください。万能の「申し訳ございませんが」「恐れ入りますが」以外で考えてみましょう。

1 申し訳ございません。(あいにく) 山田はただいま席を外しております

2 大変（心苦しいのですが）この件はお断りさせていただきます

3 （せっかくですが）明日は先約があり、パーティには伺えません

4 （ご足労をおかけしますが）また後日お越しいただけますでしょうか

5 お忙しいかと存じますので、(早速（ですが）) 本題に入らせていただきます

6 ((お) 差し支えなければ) ご連絡先を伺ってもよろしいでしょうか

第 4 章 相手・状況に応じた言葉を選ぶ

「クッション言葉」の練習ドリル2 〔解説〕

解答例以外にもさまざまな言い回しが可能です。

1 「あいにくですが」「恐縮ですが」
ビジネスでは、こうした場合に「残念ながら」という表現は不適切です。

2 「申し上げにくいのですが」
「勝手ながら」は使いにくい場面です。

3 「大変残念ですが」「ぜひとも出席したいところですが」「お誘い大変ありがたいのですが」

4 「ご足労ですが」
行ったり来たり、移動をお願いするケースでは、「お手数」ではなく「ご足労」を使います。

5 「いきなりですが」はフォーマルには使いません。

6 「失礼でなければ」
「(もし)よろしければ」は「よろしいでしょうか」と重複するので不適切です。

第 5 章

依頼・断り・お詫びの丁寧な伝え方

1 依頼するときの丁寧な言い方

文の最後に「か」をつける

◎**受け入れてくれたら感謝を伝える**

ビジネスにかぎらず、社会生活で人に何かを頼むケースは多くあります。

もしも、人にものを頼む際にいきなり「○○して」と言ったらどうでしょうか。家族などの親しい間柄でない限り、非常識で失礼な印象を与えるでしょう。では、「○○してください」なら丁寧で問題ないでしょうか。

じつは「～してください」は**丁寧な命令形**と言われていて、目上の方にお願いする場合や面倒な事を頼む場合には、失礼になることもあります。

依頼をするときの基本パターンは次のとおりです。

クッション言葉　＋　依頼形　（＋感謝）

依頼形とは、**「～か」で終わる形**です。相手が受け入れてくれたら、感謝の言葉を伝えます。

（例）恐れ入りますが、こちらで少しお待ちいただけますか。ありがとうございます。

第 5 章　依頼・断り・お詫びの丁寧な伝え方

例題　「申込書はこちらの封筒で返送してください」を丁寧に言い換えてみましょう。

「お手数ですが、申込書はこちらの封筒でご返送いただけますか。(はい) 恐れ入ります」
　クッション言葉は「申し訳ございませんが」などでも構いません。依頼形も文尾に「か」がつけばよいので、ほかにいろいろな表現が可能です。
「ご返送いただけますか／いただけませんか／いただけますでしょうか／いただけませんでしょうか」
「ご返送くださいますか／くださいませんか／くださいますでしょうか／くださいませんでしょうか」
「願えますか」「お願いできますか」「返送していただけますか」などでも同様です。
「ご返送いただく」と「返送していただく」はともに正しい表現ですが、**「ご返送していただく」となると間違い**ですので注意が必要です。
　見てお気づきのように、同じ表現でも**文末が長くなると丁重に響く**傾向があります。つねに最上級を使う必要はなく、効果を考えてうまく使い分けましょう。

例題 「こちらに名前と住所を書いてください」を丁寧に言い換えてみましょう。

「お手数ですが、こちらにお名前とご住所をご記入いただけますか」

　先ほどと同じパターンです。この場合、たとえば商品の配送を頼まれた際に言うのであれば問題ありません。「ハイ」「ありがとうございます」と続きます。

　ただし、もし事情もわからずいきなりこう言われたら、あなたは「はい」と従いますか。名前や住所という個人情報を開示するには慎重になる人も多いでしょう。

　その場合は、なぜ記入する必要があるのか、理由を述べると納得して従ってもらえる可能性が高くなります。たとえば、「（お客様がご希望の）会員登録をいたしますので」や「後日新商品のカタログをお送りしますので」などです。

　このように、**とくに相手に心理的・物理的負担をかけたり、難しい依頼をしたりする場合には、事情や理由をつけ加えるとスムーズ**です。

「依頼するときの言い方」練習ドリル

問　次のケースを、依頼のパターンを使って丁寧に述べてください。「依頼」までで「感謝」は不要です。

1　〈先輩に〉このコピー機の使い方を教えてほしい

2　〈取引先に電話で〉営業の山田さんに代わってほしい

3　〈目上の知り合いに〉（財布を忘れてしまったので）1万円貸してほしい

4　（調べて折り返し連絡するので）連絡先を教えてほしい

5　〈会社に電話で〉（風邪をひいて高熱が出ているので）今日は休みたい

「依頼するときの言い方」練習ドリル　　解答

 次のケースを、依頼のパターンを使って丁寧に述べてください。「依頼」までで「感謝」は不要です。

1 〈先輩に〉このコピー機の使い方を教えてほしい
　お仕事中すみませんが、このコピー機の使い方を教えていただけますか

2 〈取引先に電話で〉営業の山田さんに代わってほしい
　恐れ入りますが、営業の山田様にお取次願えますでしょうか

3 〈目上の知り合いに〉（財布を忘れてしまったので）1万円貸してほしい
　厚かましいお願いで恐縮ですが、財布を家に忘れてきてしまいまして、1万円ほどお借りすることは可能でしょうか

4 （調べて折り返し連絡するので）連絡先を教えてほしい
　よろしければお調べして折り返しご連絡いたしますので、ご連絡先をお教えいただけますでしょうか

5 〈会社に電話で〉（風邪をひいて高熱が出ているので）今日は休みたい
　忙しい時期に申し訳ないのですが、風邪で高熱が出ているため、本日1日お休みをいただけないでしょうか

「依頼するときの言い方」練習ドリル 　解説

　すべてのケースで、「クッション言葉」と「依頼形」はさまざまなバリエーションが可能です。解答ではケースにふさわしいと思われる一例を載せてありますが、別の表現でも問題ありません。

　1と2のケースでは、とくに理由を入れる必要はないでしょう。ただし、もし、先輩が忙しそうにしているタイミングで、上司の指示により今すぐコピーをとらなくてはならない、という状況であれば、それを伝えた方が「あとにして」と言われずにすみそうです。

　3、4、5はきちんと事情を述べる必要があります。

　3はこのなかで最もハードルの高い依頼と言えます。最も丁重な「〜いただけませんでしょうか」といった重めの「依頼形」が求められます。解答例では、最後は「依頼形」ではなく「可能でしょうか」という「確認形」を使っています。
　そのほか、「お借りできると大変助かるのですが（いかがでしょうか）」といった婉曲的な依頼も考えられます。理由として、なぜ1万円必要なのかを伝えるとより説得力が出ます。

　5の「お休みをいただく」の「お休み」は美化語なので自分の「休み」につけても問題ありません。「休ませていただく」という言い方も可能です。

2 断るときの丁寧な言い方

申し出や依頼をうまく断る技術

◎肯定的な言い方を使う

　コミュニケーションで最も難しいことの1つが「断ること」です。性格的に断ることができず、泣く泣く引き受けて後悔する、というケースもめずらしくありません。そういった人は断ることで相手との人間関係や信頼関係が損なわれてしまうことを危惧(きぐ)し、「断ること」を回避しているのでしょう。

　そうは言ってもビジネスや社会生活で、申し出や依頼を断らざるを得ないことは多いものです。相手との信頼関係を損なわないように、申し出や依頼をうまく断る技術を身につけておくと安心です。

　断るときの基本パターンは次のとおりです。

　クッション言葉 ＋（理由）＋ No の肯定的表現 ＋ 代案

　クッション言葉は一般的には「申し訳ございませんが」を使用します。できれば理由も伝えると納得してもらえます。

　Noの肯定的表現というのは、「婉曲的な伝え方」の項でも触れましたが、きつい響きを避けるため、できれば否定形を使わずに肯定的な言い方に置き換えるものです。

　基本は「ません」という否定の語尾を使わず、「ます」で終わる形をとりますが、「婉曲的な伝え方」で説明したように、「いたしかねます」などの「かねます言葉」で終わってしまうと冷たく聞こえることもあります。

第 5 章　依頼・断り・お詫びの丁寧な伝え方

　断りで一番大切なのは、断りっぱなしにしないこと、何らかの代案を提示することです。また、代案はあくまでも提案なので、押しつけずに、それでよいか相手の意向を確認することも大切です。
（例）申し訳ございませんが、ただいま佐藤は席を外しております。よろしければ私が代わりにご用件を伺いますが、いかがでしょうか。

例題　商品への問い合わせに、自分ではわからない旨を伝えてみましょう。

「大変申し訳ございませんが、その件は私ではわかりかねますので、担当の者に代わらせていただいてよろしいでしょうか」
　一般的な「わかりかねます」「お答えいたしかねます」の代わりに、ストレートに「わかりませんので」としても、この場合はすぐに相手の役に立つ代案がくるため、とくにきつく響くことはないでしょう。
　代案は1つではないので、たとえば「これからお調べしてご回答申し上げます。よろしいでしょうか」なども可能です。

コラム 「ご遠慮申し上げます」の意味は?

　年末になると、喪中の方から欠礼状が届くことがあります。
「喪中につき、年頭のご挨拶をご遠慮申し上げます」とありますが、どのような意味でしょうか。
「年頭のご挨拶」というのは、年賀状や、訪問などでの年始の挨拶を指しますが、それを
①受け取るのを遠慮します（年賀状を出さないでください）
②差し出すのを遠慮します（年賀状を出しません）
　どちらだと思いますか。
「ご遠慮申し上げる」は「ご〜申し上げる」という謙譲語Ⅰですから、自分が（あなたに対して）遠慮する、ということです。
「遠慮」の意味は、「辞退すること」と「慎み控えること」という２つの意味があるので、①とも②ともとれますが、本来は②の意味で使われていたようです。年頭のご挨拶をこちらからは控えます、という意味なのです。
　最近では、こうした解釈が分かれる表現を避けて、「年頭のご挨拶を失礼させていただきます」という表現を使うことも増えています。

「断るときの言い方」練習ドリル

問 次のケースを、断りのパターンを使って丁寧に述べてください。

1　取引先に、品薄のため今月中の納品は無理だと伝える

2　上司から「今日中にこの資料を完成させて」と仕事を振られたが、今日はほかの仕事で手一杯である

3　先輩から飲み会に誘われたが、今日は予定があって行けない

4　打ち合わせ中にクライアントから、来月のプレゼンテーションの日程を早めてほしいと言われたが、即答できない

「断るときの言い方」練習ドリル 　解答

　次のケースを、断りのパターンを使って丁寧に述べてください。

1　取引先に、品薄のため今月中の納品は無理だと伝える
大変申し訳ございませんが、こちらの商品はただいま品薄のため、今月中の納品は難しい状態です。もしも今月中に必要でしたら、別の商品をお探ししましょうか。

2　上司から「今日中にこの資料を完成させて」と仕事を振られたが、今日はほかの仕事で手一杯である
申し訳ありませんが、今緊急の仕事で手一杯でして、今日中の完成は難しそうです。明日まででもよければお引き受けできますが、よろしいでしょうか。

3　先輩から飲み会に誘われたが、今日は予定があって行けない
参加したいのはやまやまですが、今日は前々から大事な用事が入っていまして、残念ながらあきらめます。お誘いありがとうございます。また声をかけてください。

4　打ち合わせ中にクライアントから、来月のプレゼンテーションの日程を早めてほしいと言われたが、即答できない
申し訳ございませんが、私の一存ではお答えいたしかねますので、いったん社に持ち帰り、上の者と相談してお返事させていただけますでしょうか。

「断るときの言い方」練習ドリル 解説

1 「無理」の言い換えとしては、このほかに「ご容赦いただけないでしょうか」などがあります。代案は一例です。

2 断る理由として、「他の仕事がある」だと、「こちらを優先させて」と言われてしまうかもしれないので、締め切りがある／緊急性があることを伝えたほうがよいでしょう。代案としては、「1人では時間的に厳しいが、サポートをつけてもらえればできそう」などもあります。

3 お誘いを断る際は、あまり畏まった表現を使うと、かえって事務的に響くことがあります。「誘ってもらったことへの感謝」をしっかりと表現しましょう。「代案」はなくても、「次回は必ず参加します」「またよろしくお願いします」と次につながる言葉を添えれば問題ありません。

4 このような場面では、「いたしかねます」がフィットします。できれば回答の期限を伝えておくと、さらに信頼感が高まります。

3 お詫びするときの丁寧な言い方

できるだけ具体的な言葉を添える

◎**相手を尊重する姿勢を示す**

相手に迷惑をかけた場合、あるいは相手から指摘やクレームを受けた場合、**きちんとお詫びして誠意を伝える**ことが大切です。

信頼関係がこじれかけているわけですから、**通常以上に言葉遣いに気を配り、相手を尊重する姿勢を示す**必要があります。

誠意の伝わるお詫びの伝え方をマスターしましょう。

●**お詫びをする際の注意点**

・反論せずに話を聞く
・適宜相づちを打ったり、質問したりして話を引きだす
・自分のせいでなくても会社を代表してお詫びする
・迅速に対応する
・最後は感謝やフォローの言葉を述べる

例題 お詫びの気持ちを言葉にしてみましょう。いろいろな表現を考えてみてください。

「申し訳ございません」「大変失礼いたしました」「こちらのミスでご迷惑をおかけしました」などなど。

第5章　依頼・断り・お詫びの丁寧な伝え方

　謝る場合、「申し訳ございません」一本やりの人も見かけますが、それでは誠意が伝わりにくく、また、「何が申し訳ないか言ってみろ」と突っ込まれる恐れもあります。
　できるだけ**具体的な言葉を添える**とともに、**「申し訳ない」という気持ちをいろいろな表現で伝える**努力が必要です。152ページの「お詫びの表現」を参考にボキャブラリーを増やしておきましょう。
　「ごめんなさい」「すいません」は、丁寧な表現ではないうえ、お詫びの気持ちも軽く聞こえるのでビジネスでは適切ではありません。

お詫びの気持ちを伝える表現

共感	おっしゃるとおりです
	ご指摘ごもっともです
	ご事情お察しいたします
ミスや非を認める	ご迷惑をおかけしました
	至りませんでした
	言葉／配慮が足りませんでした
	弁解の余地もございません
お詫び謝罪	申し訳ございませんでした
	大変失礼しました
	心よりお詫びいたします
	お詫びの言葉もございません
	多大なる損害を与え、深謝(しんしゃ)いたします
反省	深く反省しております
	肝(きも)に銘じます
	以後このようなことがないよう注意いたします
許しを請う 理解を請う	平(ひら)にご容赦ください
	ご理解いただけないでしょうか
感謝 フォロー	ご指摘感謝いたします
	貴重なご意見承りました
	今後ともよろしくお願いいたします

第5章 依頼・断り・お詫びの丁寧な伝え方

「お詫びをするときの言い方」練習ドリル

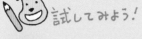

問　次の言葉を丁寧に表現してみましょう。

1　すいません

2　そのとおりです

3　気持ちはわかります

4　私の言い方が悪かったです

5　これから気をつけます

6　今回は許してください

「お詫びをするときの言い方」練習ドリル　解答

 次の言葉を丁寧に表現してみましょう。

1 すいません
　申し訳ございません

2 そのとおりです
　おっしゃるとおりでございます

3 気持ちはわかります
　お気持ちお察しいたします

4 私の言い方が悪かったです
　私の言葉が足りませんでした／不用意な発言でした

5 これから気をつけます
　以後このようなことがないように肝に銘じます

6 今回は許してください
　今回のところはご容赦いただけませんでしょうか

「お詫びをするときの言い方」練習ドリル　解説

　それぞれ、さまざまな言い換えが可能です。152ページのボキャブラリーを参照してください。

　1の「すいません」は「すみません」のイ音便で、より軽い印象になるので、お詫びには使わないほうがよいでしょう。ちなみに、「すみません」はお詫びのほか「感謝」「呼びかけ」にも使われます。

　2は、「おっしゃるとおり〜です」と何が「そのとおり」なのかまで言及するとより誠意が伝わります。

　3も同様で、「ご心配」「ご不安」「お腹立ち」など気持ちの中身を具体的に表現することもできます。2、3ともに、「〇〇ごもっともでございます」という言い方も可能です。

　4では、説明の仕方がわかりづらくて誤解させたのか、失礼な言い方で相手を怒らせてしまったかで表現が変わります。

　5では、「十分気をつけてまいります」「注意いたします」「二度といたしません」などもあります。お詫びのあとに使う言葉です。

　6は、相手に許しや理解を請う形でのお詫びです。これも真っ先に言うのではなく、ある程度謝ったうえで、お詫びを切り上げるときに使うと効果的です。

コラム お詫びと謝罪は違う？

「お詫び」と「謝罪」という言葉はともに「謝る」という意味で同じように使われますが、厳密には違いがあります。

「謝罪」には「罪」という字が含まれているように、自分のミスや非を認めて謝る、ということです。当然そのあとの責任（賠償・補償）も引き受ける必要があります。
　一方、「お詫び」というのは、「詫び」からきていて、他者を煩わせたこと、不快にさせたこと（たとえそれが自分の責任でなくても）に対して、心苦しいという気持ちを伝えることです。ですから、自分側に非がなくても、また直接損害を与えた相手以外にも、お詫びすることは可能です。

　謝る際によく使う「申し訳ございません」という言葉は、謝罪にもお詫びにも使われます。したがって「申し訳ない」といっても即非を認めた、ということにはなりません。
　逆に、きちんと謝罪したいときには、「今回の件で私どもの〇〇不足で～という損害を与えてしまい、申し訳ございませんでした」のように、具体的に述べる必要があります。

第3部

ビジネスで使う慣用句をマスターしよう

第 **6** 章

ビジネスシーンに応じた敬語表現

1 訪問シーンの慣用表現

マナーをわきまえた言動を心がける

◎スタンダードな表現を身につける

　最後に、「訪問」「来客応対」「電話応対」「ビジネスメール」といったビジネス・コミュニケーションシーン別に、よく使われる慣用表現をマスターしていきます。

　本来は場面にふさわしい表現は無数にありますが、代表的なものを取り上げました。学生や新社会人の皆さんはとりあえずこれを身につけておくと安心です。すでにビジネス経験のある人は、念のため自己流のおかしな言い方になっていないか、確認しておくことをおすすめします。

　まずは、訪問シーンで必要な表現をマスターしましょう。

　他社を訪問するにあたっては、自分が会社を代表しているという自覚をもちます。好ましい外見やマナーをわきまえた言動など、印象管理に気を配り、信頼感を高めます。

　また、目的をしっかり押さえ、相手の貴重な時間を無駄にしないように効率よく話を進めることも大切です。

　右にビジネスで使う挨拶言葉をまとめました。さらに、訪問の流れとポイント（162ページ）を確認して、それぞれのシーンで必要になる表現（163ページ）を学んでください。

ビジネスに使う挨拶言葉

社内挨拶	おはようございます
	お疲れ様です／お疲れ様でした
	行ってらっしゃい
	お帰りなさい
	行ってきます
	ただいま戻りました
	失礼します／失礼しました
	お先に失礼いたします
社外挨拶	いらっしゃいませ
	お世話になっております
	失礼いたします／失礼いたしました
	いつもありがとうございます
	ありがとうございました
	よろしくお願いいたします
返事	はい
	かしこまりました
	承知いたしました

訪問の流れとポイント（参考）

①事前段階〜アポイントメントをとる

用件と所要時間を伝え、基本的に相手のスケジュールを優先して日時と場所を決定。時間があく場合は前日か当日朝に確認メール（リマインダー）を送ることもある。

②受付

挨拶し、自分の企業名と名前、訪ねる相手の部署名・名前、アポイントメントの時間を伝えて取次を依頼する。

③移動・入室

案内人に合わせて、あるいは指示に従って行動する。応接室では上座をすすめられたら、遠慮せずにお礼を言って着席する。

④名刺交換

相手が入室する際は、必ずすぐに立ち上がってドア近く（下座）に進み出て挨拶する。初対面の場合は通常ここで名刺交換をする。

⑤お茶の飲み方

すすめられたら「いただきます」と言って遠慮せず口をつける。一気に飲み干さず、帰るまでに飲み切るのがベスト。

⑥辞去の切り出し

基本的に訪問者が、話の進捗（しんちょく）や時間に合わせて、辞去を切り出す。退出時は、お時間をとっていただいたことへのお礼をきちんと述べて辞去する。

第 6 章　ビジネスシーンに応じた敬語表現

 訪問シーンの慣用表現

受付	挨拶	失礼いたします／おはようございます
	名乗る	わたくし、○○会社の○○と申します
	約束有無	総務部の○○様に 10 時にお約束をいただいております
	取次依頼	お取次いただけますか
応接室	入室	失礼いたします
	挨拶	いつもお世話になっております
		本日はお忙しいなか、お時間をいただきありがとうございます
		初めまして／初めてお目にかかります
	名刺交換	わたくし○○会社の○○と申します。どうぞよろしくお願いいたします
	お茶	いただきます
	本題に入る	さっそくですが
		それでは本日参った○○の件ですが
	辞去切り出し	それでは本日はこれで失礼します
		本日はお時間をいただきありがとうございました
玄関EVホール	辞去	こちらで結構です／失礼いたしますありがとうございました

> **例題** あなたは本日14時にA商事営業部の佐々木氏とアポイントメントがあり、今受付に着きました。取次を依頼してください。

「失礼します。わたくし〇〇会社の〇〇と申します。14時に営業部の佐々木様にお約束をいただいております。(お取次願えますか)」

　改まった場では「わたくし」を使います。アポイントメントの相手と時間を伝えますが、「佐々木様と約束」よりは「佐々木様に約束をいただいている」のほうが謙譲の意が伝わります。時間は14時でも2時でも構いません。

　ほかには「2時のお約束で伺った〇〇会社の〇〇と申します。営業部の佐々木様にお取次いただけますでしょうか」といった表現もあります。

第6章 ビジネスシーンに応じた敬語表現

「訪問シーンの慣用表現」練習ドリル

試してみよう！

問 次のようなときにどう言いますか。

1 初回訪問で挨拶しますが、これまで何度か電話やメールでやりとりがあります。

2 名刺交換をしようとしたのですが、名刺を忘れてしまいました。

3 約束は10時から1時間でしたが、打ち合わせ途中で11時になってしまいました。

4 商談後、先方が気を遣ってあなたを1階のエントランスまで見送ってくれようとしています。

「訪問シーンの慣用表現」練習ドリル 　解答

 次のようなときにどう言いますか。

1 初回訪問で挨拶しますが、これまで何度か電話やメールでやりとりがあります。
初めまして。○○会社の○○と申します。お電話やメールでは何度かお世話になっておりますが、本日はお目にかかれて光栄です。

2 名刺交換をしようとしたのですが、名刺を忘れてしまいました。
申し訳ございません。ただいま名刺を切らしておりまして、今回はいただくのみで失礼いたします。(わたくしの名刺は次回お持ちいたします)

3 約束は10時から1時間でしたが、打ち合わせ途中で11時になってしまいました。
お話の途中ですが、いただいたお時間が過ぎてしまいました。この後のご予定がおありかと思いますが、いかがいたしましょうか。

4 商談後、先方が気を遣ってあなたを1階のエントランスまで見送ってくれようとしています。
ご丁寧に恐れ入ります。こちらで結構でございます。ありがとうございました。

「訪問シーンの慣用表現」練習ドリル 解説

1 初対面でも、それまでやり取りがあった場合は、「やっとお会いできてうれしいです」「お目にかかるのを楽しみにしておりました」などのプラストークができると親近感がわきます。

2 正直に「忘れた」というのは、ビジネスパーソンとしての信頼を損ね、相手にも失礼です。「切らしている」のほか、異動直後であれば、「部署が変わってまだ名刺ができていない」という言い方もできます。名刺はなくてもきちんと名乗って自己紹介します。

3 迎えている側は、時間になっても「帰ってほしい」とは言い出しにくいので、訪問側が配慮します。双方の都合がつけば、延長することもあります。

4 最も丁寧な見送りは玄関外までですが、通常はエントランス内側、またはエレベーターホールまでが一般的です。訪問側は、相手の手を煩わせないように、「お忙しいかと思いますので、こちらで結構です／失礼させていただきます」と見送りを辞退する配慮も必要です。

2 来客応対シーンの慣用表現

会社全体のイメージを左右する重要な業務

◎**状況に合わせて臨機応変に対応する**

来客の応対は、社員の接客マナーや気配りが問われ、会社全体のイメージを左右する重要な業務です。

近年は、「お茶出しや案内は女性の仕事」などという考えはハラスメントにあたり、特定の社員の仕事ではなくなっています。誰もが会社の代表として、きちんとお客様の応対にあたる必要があります。担当者（面会者）がご案内やお茶出し、お見送りを行うことも多いので、よく使われる慣用表現はマスターしておきましょう。

会社の顔とも言える来客対応では、迅速な対応と礼儀正しい態度が求められます。専用受付のあるなしにかかわらず、忙しいからと人任せにするのではなく、全員が積極的にお客様を迎え入れる気持ちをもちましょう。

基本的な常識やルールを心得ておくと、慌てずスムーズに対応できます。ただし、状況は毎回違うので、形どおりの対応（表現）に終始するのではなく、**状況に合わせて臨機応変な対応（表現）**を心がけましょう。

右ページで、来客応対の流れとポイントを確認してください。

訪問の流れとポイント（参考）

①受付・取次

来客に気づいたらすぐに立ち上がって挨拶し、来客の社名、氏名、担当者名と約束の有無を確認する。お待たせしないように迅速に取り次ぐ。

②ご案内

行き先を告げてから、担当者の指示した場所（応接室やミーティングスペース）にご案内する。お客様の2〜3歩前を、後ろに気を配りながら歩くとよい。

③入室

必ずドアをノックしてからドアを開ける。上座を示して着席をすすめる。

④お茶の出し方

お盆をサイドテーブルやテーブル下座側に仮置きして、両手でお出しする「丁寧な呈茶（ていちゃ）」と、片手でお盆を持ち、片手でお茶をお出しする「効率的な呈茶」がある。いずれも上位のお客様（上座）からお出しする。

⑤お見送り

基本的に応対者（担当者）がエレベーターホールや玄関までお見送りする。ほかの人も、お帰りになるお客様を見かけたらその場できちんとご挨拶する。

来客応対シーンの慣用表現

受付	挨拶	いらっしゃいませ
	確認	○○会社の○○様でいらっしゃいますね 総務部の○○でございますね
	約束あり	お待ちしておりました
	約束確認	失礼ですが、○○はお約束をいただいておりますでしょうか？
	確認	確認いたしますので、少々お待ちいただけますか
	取次	○○はすぐに参りますので、そちらのソファーにおかけになってお待ちください
	ご案内	それでは、5階の会議室にご案内いたします。こちらでございます
応接室	入室	どうぞお入りください
	着席をすすめる	ただ今○○が参りますので、奥のお席におかけになってお待ちください
	呈茶	失礼いたします お茶（お飲み物）をお持ちいたしました どうぞ（お召し上がりください）
	見送り	ありがとうございました お気をつけてお帰りください

第6章　ビジネスシーンに応じた敬語表現

例題 10時に来社されたB設計事務所の高橋氏が、青木常務に面会を希望していますが、アポイントメントがあるのか不明です。どう確認しますか？

「B設計事務所の高橋様でいらっしゃいますね。お世話になっております。恐れ入りますが、青木は本日お約束をいただいておりますでしょうか」

　第1部で学んだように、お客様のお名前の復唱は尊敬語を使って「〇〇様でいらっしゃいますね」を使い、身内である名指し人は「〇〇でございますね」を使います。
　アポイントメントの有無は専門の受付であれば、まずはリストで確認しますが、そうでない場合は、お客様に尋ねてから取り次ぎます。
「あなたは約束をしたか」ではなく、「こちらがあなたから約束をもらっているか」という聞き方のほうが丁寧です。
　約束がある場合は、「失礼いたしました。ただいまお取次いたします」となり、約束がない場合は、「かしこまりました。ただいま〇〇の在席を確認いたしますが、よろしければご用件を伺えますでしょうか」と、できれば用件を訊いたうえで取り次ぎましょう。

約束がある場合・ない場合の対応

失礼ですが、
○○はお約束をいただいて
おりますでしょうか？

約束がある場合

失礼いたしました。
ただいまお取次
いたします

約束がない場合

かしこまりました。
ただいま○○の在席を
確認いたしますが、
よろしければご用件を
伺えますでしょうか

「来客応対シーンの慣用表現」練習ドリル

問 次のようなときにどう言いますか。

1　会社の入口を入ったところで立ち止まっている外部の方を見かけました。

2　お客様が受付のあなたに名刺を出してきましたが、アポイントメントのある名指し人に渡すことはできません。

3　お客様をエレベーターで10階までご案内します。

4　お客様と商談中の社員に緊急電話が入ったため、伝えに行きます。

「来客応対シーンの慣用表現」練習ドリル　解答

 次のようなときにどう言いますか。

1　会社の入口を入ったところで立ち止まっている外部の方を見かけました。

　いらっしゃいませ。ご用件は伺っておりますか？

2　お客様が受付のあなたに名刺を出してきましたが、アポイントメントのある名指し人に渡すことはできません。

　ご提示ありがとうございます。それではいったんお返しさせていただきます。

3　お客様をエレベーターで10階までご案内します。

　それではこれからエレベーターで10階の応接室までご案内いたします。どうぞお乗りください。失礼します。
　〈10階到着〉10階でございます。
　どうぞお降りください。お部屋は出られて右側でございます。

4　お客様と商談中の社員に緊急電話が入ったため、伝えに行きます。

　（お客様に）お話し中失礼いたします。田中さん、よろしいでしょうか。緊急の電話が入っており、ご確認いただけますか（メモを見せる）。

第6章　ビジネスシーンに応じた敬語表現

「来客応対シーンの慣用表現」練習ドリル　解説

1 すでに誰かが用件を確認しているかもしれないと皆が思って素通りすると、お客様は無視されたと感じて、心証が悪くなります。念のために声をかけて確認しましょう。

2 お客様はあなたに名刺を渡したいわけではなく、本人と確認してもらうため（アポイントメントがない場合に多い）、または名指し人に取り次いでもらうためです。ですから、受け取ってしまわずに返却しても失礼ではありません。

3 ご案内では、どこにどうやって案内するか、と前もって伝えると安心します。

エレベーターの乗り降りの順番はよく質問されますが、基本は乗り降りともお客様（上位者）が優先ですので、先に乗っていただきます。ただし、お客様が複数名いらっしゃるなど、状況によっては自分が先でも構いません。その際は「お先に失礼します」とひと言添えるとよいでしょう。

降りる際は必ずお客様が先ですが、先に降りてどちらに向かうか戸惑うこともあるので、進む方向だけでも伝えておくと親切です。

4 ノックして入室し、お客様に向かって、話を中断させるお詫びを伝えます。そのあとの対応はさまざまですが、込み入った話をお客様の面前ですることは控え、室外に出て話すか、メモを渡して伝えます。

3 電話応対シーンの慣用表現

基本フレーズを覚えよう

◎まずは「正確性」を優先する

電話はビジネスではなくてはならないコミュニケーション手段ですが、新入社員からは、「電話応対がいちばん苦手」という声をよく聞きます。

電話は顔の見えないコミュニケーションで、即時対応が求められるため、初めはパニックになる人も少なくありません。まずは電話の基本フレーズを覚えて苦手意識を払拭し、積極的に電話をとるようにしましょう。

電話は企業とお客様とをつなぐ大事な窓口です。

電話応対には、「正しい言葉遣い」「的確な表現力」のほか「状況判断力」「相手への気配り」などビジネス・コミュニケーションに必要なスキルが網羅されています。初めは大変ですが、これらは電話応対をこなすなかで身についていきます。

電話応対のポイントは「正確性」「迅速性」「信頼性」ですが、慣れないうちは「正確性」を優先しましょう。相手の話が聞き取れないときや、メモが間に合わない場合は、きちんと訊き直すようにします。

まず、右ページで電話応対の流れを確認してください。

電話応対の流れ（参考）

受け方

すぐに出る
▼
名乗る
▼
相手を確認する
▼
挨拶する
▼
用件を聞く
▼
用件をメモし、復唱する
▼
自分を名乗る
▼
挨拶する
▼
丁寧に切る

かけ方

話の内容を整理してかける
▼
相手を確認する
▼
名乗る
▼
挨拶する
▼
（取次依頼）
▼
用件を簡潔に伝える
▼
挨拶する
▼
丁寧に切る

電話応対の慣用表現①

基本の取次ぎ方

出るとき	はい／お電話ありがとうございます／お待たせいたしました　※いずれかを使う
名乗り方	ABC社、田中でございます
かけ手の確認	XY社の佐藤様でいらっしゃいますね
挨拶	（いつも）お世話になっております
用件の確認	はい、〜の件ですね／営業の山田でございますね
名乗らない	失礼ですが、お名前を伺えますでしょうか
待たせるとき	（ただいま確認いたしますので）少々お待ちいただけますか
再度出るとき	佐藤様、お待たせいたしました
名指し人不在時	申し訳ございません。山田はただいま席を外しております。すぐに戻ると思います。戻り次第お電話いたしましょうか
連絡先を訊く	それでは、念のため佐藤様のご連絡先を伺えますか
復唱する	はい、××××番のXY社佐藤様ですね
再度名乗る	私、田中が承りました。山田が戻りましたら必ず申し伝えます
挨拶	ありがとうございました／失礼いたします／よろしくお願いいたします

第6章　ビジネスシーンに応じた敬語表現

 電話応対の慣用表現②

不在時の対応、その他の表現

名指し人が電話中	申し訳ございません。山田はただいまほかの電話に出ております。終わり次第こちらからおかけいたしましょうか
名指し人が会議中・接客中・外出中	申し訳ございません。山田はただいま会議中／来客中／外出中でございまして、15時に終了／戻る予定です。お急ぎでいらっしゃいますか
名指し人が出張中	申し訳ございません。山田は昨日より出張に出ておりまして、明後日の10日より出社予定でございます。いかがいたしましょうか／私、田中と申しますが、よろしければご用件を伺います
聞き取れない	恐れ入りますが、お電話が少々遠いようです。もう一度お願いできますか
調べるのに時間がかかる	ただいまお調べいたしますが、お時間を少しいただけますでしょうか。よろしければいったん切らせていただき、こちらから折り返しご連絡いたしますが、いかがでしょうか
電話をかける	わたくしXY社の佐藤と申します。（〜の件でお電話いたしましたが）営業の山田様をお願いできますか
名指人への挨拶	お世話になっております。XY社の佐藤でございます。〜の件でお電話いたしましたが、今お時間はよろしいでしょうか

179

コラム 「少々お待ちください」ってどのくらい？

　電話にかぎらず、「少々お待ちください」「少しお待ちいただけますか」と言われることがよくあります。
　あなたは何秒（何分）くらいをイメージしますか？
　時間の感覚は意外と個人差が大きいものです。
　以下、一般的な電話応対時の「時間感覚」の目安です。

・少々／少し……30秒程度
「少々」よりも「少し」のほうが若干長くなる傾向がある。
・しばらく……1分程度
・折り返し（電話する）……5分程度〜
　本来は「直後」という意味だが、最近は単にコールバックの意味で使われることもある。
・のちほど（電話する）……30分〜3時間
　人によってバラツキが大きい。

　自分と相手の時間間隔のずれが、トラブルにつながるリスクもあります。ビジネスでは、「のちほど連絡します」よりは、「1時間以内に／3時までに連絡します」と、受け取り方に差が出ない表現を使うほうがよいでしょう。

第6章 ビジネスシーンに応じた敬語表現

「電話応対シーンの慣用表現」練習ドリル1

 試してみよう！

問1 電話を受ける際の言い方として、間違いを直してください。

1 名前の確認「A社の鈴木様でございますか」

2 社内への伝言を受ける「わかりました。担当者にその旨お伝えします」

3 名指し人が休んでいる「工藤は本日お休みいただいております」

問2 電話をかける際の言い方として、間違いを直してください。

1 取次の依頼「木下部長様はおられますか」

2 受け手の確認「こちら古川様の携帯電話でよろしかったでしょうか」

3 相手が不在の場合「それではこちらからまた折り返します」

「電話応対シーンの慣用表現」練習ドリル1　　解答

 電話を受ける際の言い方として、間違いを直してください。

    1　名前の確認「A社の鈴木様でございますか」
                               いらっしゃいますね

    2　社内への伝言を受ける「わかりました。担当者にその旨お伝えします」　かしこまりました
       申し伝えます

    3　名指し人が休んでいる「工藤は本日お休みいただいております」
       （申し訳ございませんが）工藤は本日休んでおります

 電話をかける際の言い方として、間違いを直してください。

    1　取次の依頼「木下部長様はおられますか」
                部長の木下様はいらっしゃいますか

    2　受け手の確認「こちら古川様の携帯電話でよろしかったでしょうか」　古川様でいらっしゃいますか

    3　相手が不在の場合「それではこちらからまた折り返します」
       ご連絡いたします

「電話応対シーンの慣用表現」練習ドリル1 解説

　問1の1は何度も取り上げていますが、相手の名前は「いらっしゃいます」という尊敬語で復唱します。文末は「か」ですと訊き返しになるので、通常は「ね」を使います。

　2は社内（身内）への伝言のため、「お~する」という行為の向く先を高める謙譲語Ⅰは使えません。「申し伝えます」という表現を覚えておきましょう。

　3では社員が休みをとっているときの言い方ですが、「お休みいただく」は尊敬語のため間違いです。「お休みをいただく」となると「お休み」は美化語、「いただく」は謙譲語Ⅰですが、この場合会社から休みをもらっているため、会社を高める表現とも取れて適切ではありません。

　問2の1では「木下部長様」よりも「部長の木下様」というほうが正式です。「おられる」は西日本でよく使われている表現ですが、謙譲語Ⅱの「おる」と尊敬語をつくる「れる」を足した言葉のため、避けたほうが無難です。

　2では、相手を確認するのにわざわざ「携帯電話」を出す必要はなく、「よろしかった」と過去形で言うのも違和感があります。

　3は、「折り返す」という動詞に本来「電話をかけ直す」という意味はなく、「折り返しお電話します」のように使います。ここでは、かけた側が再度かけるので不適切です。

電話を受ける際の言い方

✗

▼名前の確認
A社の鈴木様でございますか

▼伝言を受ける
わかりました。担当者にその旨お伝えします

▼名指し人が休んでいる
工藤は本日お休みいただいております

○

▼名前の確認
A社の鈴木様で**いらっしゃいますね**

▼伝言を受ける
かしこまりました。 担当者にその旨**申し伝えます**

▼名指し人が休んでいる
工藤は本日**休んでおります**

第6章 ビジネスシーンに応じた敬語表現

「電話応対シーンの慣用表現」練習ドリル2

問 電話応対でこんなときどのように言いますか。

1　相手が名乗らない

2　声が小さくて聞き取れない

3　名指し人の名前が聞き取れず、誰に取り次ぐのかわからない

4　取引先の吉川氏から外出中の営業石田さんに電話があり、至急確認したいことがあるので携帯電話番号を教えてほしいと言われた

5　オフィス用品のセールスの電話がかかってきて、総務の担当者への取次を依頼された（営業電話の取次はしないように言われている）

「電話応対シーンの慣用表現」練習ドリル2　解答

 電話応対でこんなときどのように言いますか。

1. 相手が名乗らない
   失礼ですが、お名前を伺えますでしょうか

2. 声が小さくて聞き取れない
   申し訳ございませんが、お電話が少々遠いようです。もう一度お願いできますか

3. 名指し人の名前が聞き取れず、誰に取り次ぐのかわからない
   恐れ入りますが、どの者にご用でしょうか。もう一度お願いできますか

4. 取引先の吉川氏から外出中の営業石田さんに電話があり、至急確認したいことがあるので携帯電話番号を教えてほしいと言われた
   かしこまりました。それでは、至急こちらから石田に連絡を取り、石田から吉川様にお電話させていただきます。よろしいでしょうか

5. オフィス用品のセールスの電話がかかってきて、総務の担当者への取次を依頼された(営業電話の取次はしないように言われている)
   申し訳ございませんが、そのようなセールスはすべてお断りさせていただいております。どうぞご理解ください

第6章　ビジネスシーンに応じた敬語表現

「電話応対シーンの慣用表現」練習ドリル２　解説

1は、「どちら様でしょうか」「お名前をお聞かせいただけますか」なども使えます。

2では、「声が遠い」という人もいますが、「電話」のせいにする婉曲的な慣用句です。たいていは「もう一度お願いできますか」と言わなくても察してもらえます。

3の場合、社員（身内）の名前を訊くので、「どなた（＝どの方）」ではなく「どの者」を使います。

4の対応（社員の携帯電話番号を社外に伝えるか）は状況によります。ここでは石田さんの携帯電話は私物で、社内だけに開示されている想定で、一般的な対応を記しました。このケースでは、自分が代わりに回答できる可能性があれば、まずは用件を訊いてみる方法もあります。

5は営業電話の断り方です。第２部で相手に配慮したお断りの仕方を学びましたが、このケースで遠回しに伝えるとかえって長引き無駄な労力がかかるため、はっきりとノーと言う必要があります。言いにくければ「セールスのお電話は取り次がないように言われておりまして」などの言い方もあります。

もしも、どうしてもと粘られた場合は、「かしこまりました。それではただいま担当が不在ですので、私から申し伝えて、必要でしたらこちらからご連絡させていただきます」と言って切る方法もあります。

4 ビジネスメールの慣用表現

行動を起こしやすい書き方をする

◎**論理面だけでなく感情面にも配慮する**

ビジネス・コミュニケーションの手段として今では当たり前となったメールですが、いつでもどこでも用件の送受信ができるなど利点が多い反面、文字情報のみのコミュニケーションだけに、思わぬ誤解を生むリスクも伴います。

また、口頭での伝達と違い、文字として残ってしまうため、言葉遣いにはくれぐれも注意が必要です。

まずは、その用件はメールがベストか考える癖をつけましょう。「緊急性のある伝達」のほか、「謝罪」「トラブルの報告」「難しい依頼や交渉」「微妙なニュアンスの伝達」などはメールでの伝達に向かないので注意が必要です。

メールは送っただけでは意味がなく、相手に読んで、理解し、行動に移してもらわなければなりません。そのために、できるだけ**目に留まりやすく、読んでわかりやすく、行動を起こしやすい書き方**が求められます。

また、円滑なコミュニケーションのために、論理面だけでなく、感情面にも配慮した**「相手にとって気持ちのよい伝え方」**も必要です。

第6章　ビジネスシーンに応じた敬語表現

 ビジネスメールの形式（例）

件名　　製品見積もりのお願い

いろは株式会社
営業部　　　　　　　　　　　　　　　**宛名**
佐藤一郎様

お世話になっております。　　　　　　**簡単な挨拶**
ABCの山田でございます。

先日ご紹介いただいた下記製品につきまして
早速ですが、見積もりをいただけますでしょうか。

品番　NH－1234567　数量15　　**本文**

恐れ入りますが、○月○日（○）までにお送りいただけますと幸いです。
よろしくお願い申し上げます。

株式会社ABC　総務部総務課
山田　順子　　　　　　　　　　　　　**署名**
Tel/Fax　00-0000-0000 / 00-0000-0000
e-mail　000000@00000

1メールに1案件
区切りや箇条書きなどで見やすく

ビジネスメールの慣用表現

書き出し	● いつもお世話になっております ● メールを拝見いたしました ● お忙しいところ失礼いたします ● 平素は格別のご愛顧(ご高配)を賜り、厚く御礼申し上げます ● 先日はお世話になりました ● 初めてメールさせていただきます ● 突然メールをお送りする失礼をお許しください
締めくくり	● お手数ですが、よろしくお願いいたします ● ご検討のほどお願い申し上げます ● なにぶんのご配慮をお願い申し上げます ● 今後とも一層のお引き立てのほど、お願い申し上げます ● ご多用のところ恐縮ですが、ご返答いただければ幸いです。 ● ご連絡をお待ち申し上げております ● 以上、ご回答(ご通知／ご案内)申し上げます ● まずはご通知(ご照会／お礼／ご返事)まで
その他	添付、拝受、ご査収、略儀ながら、ご高覧、ご多用

第6章 ビジネスシーンに応じた敬語表現

「ビジネスメール」の練習ドリル

問 次のメールの文章を、慣用表現を使いながら丁寧な言い方に書き換えてください。

1 このメールに報告書をつけておくので、内容を確認して受け取ってください。

2 忙しいでしょうが、うちの社のカタログを送るので、時間のある時に見てください。

3 メールの内容は確認しましたが、対応に時間がかかるので、あさってまでに連絡します。とりあえずメール受領の連絡まで。

4 西川です。御社の山中専務から紹介を受けて、初めて連絡しました。

191

「ビジネスメール」の練習ドリル　　解答

 次のメールの文章を、慣用表現を使いながら丁寧な言い方に書き換えてください。

1　このメールに報告書をつけておくので、内容を確認して受け取ってください。
　　こちらのメールにご報告書を添付いたしますので、どうぞご査収ください。

2　忙しいでしょうが、うちの社のカタログを送るので、時間のある時に見てください。
　　ご多用中かと存じますが、弊社のカタログをご送付申し上げますので、お時間のあるときにでもご高覧いただければ幸いです。

3　メールの内容は確認しましたが、対応に時間がかかるので、あさってまでに連絡します。とりあえずメール受領の連絡まで。
　　〜の件、承知いたしました。大変恐縮ですが、対応に少しお時間をいただきたく、明後日までにご連絡させていただきます。取り急ぎ、メール拝受のご連絡まで。

4　西川です。御社の山中専務から紹介を受けて、初めて連絡しました。
　　はじめまして。いろは株式会社の西川太郎と申します。貴社の山中専務よりご紹介いただき、ご連絡させていただきました。

第6章　ビジネスシーンに応じた敬語表現

「ビジネスメール」の練習ドリル　　解説

1　「査収」は「確認して受け取る」「よく調べて受け取る」という意味の言葉です。「ご査収ください」のほか、「ご査収願います」「ご査収のほどお願いいたします」などと使います。

2　「ご多忙」でも構いませんが、「ご多用」のほうが婉曲的です。「ご高覧」は「見る」の尊敬語（「ご高覧いただく」全体は謙譲語Ⅰ）です。硬い表現ですが、書き言葉でよく使用されます。

3　「取り急ぎ」の部分は「まずは」も可能です。ともに次に正式な回答や丁寧な返信、あるいは直接会ってのやりとりがあるときに使います。「拝受」は「受け取る」の謙譲語Ⅰです。「受領しました」よりもへりくだり感があります。

4　「初めてメールさせていただきます」で始めることもできます。自分の名前は正式に名乗るほうが好印象です。（株）などの略称も避けます。相手の会社は、文書では「貴社」が多いのですが、メールでは柔らかい「御社」もよく使われるので、どちらでも問題ありません。「貴社の専務取締役の山中様」という言い方もあります。

コラム　絵文字や記号は失礼にあたる？

　ビジネスメールでの絵文字使用が問題になったのは今は昔、最近ではビジネス使用の LINE でのスタンプはどうか、という話題も挙がっています。どちらも「ビジネスモード」ではないので、原則 NG ですし、とくに目上の方には避けたほうが無難です。

　一方、記号（箇条書き記号、かっこ、矢印など）はメールをわかりやすくするために必要であれば、問題ありません。
　感嘆符「！」はカジュアルなメールでは使用されることがありますが、一般的でないので相手や状況を選びましょう。
　疑問符「？」は正式な日本語文書では使いませんが、メールでは、はっきり「疑問文である」と伝えるために用いることがあります。「～していただけますでしょうか」という疑問の形で依頼するケースには不要ですが、「～ということでしょうか？」「いくらでしょうか？」という回答を期待する場面では有効です。

おわりに

　言葉とじっくり向き合った感想はいかがでしょうか。

　生まれてから何十年間も使っていた日本語が、そういう仕組みだったのか、と改めて気づいた人もいるかもしれません。自分が日ごろ使っている言い回しが本当は相手に失礼だった、と反省した人もいるかもしれません。

　言葉はあなたが考える手段であり、伝達する手段であり、他者とつながる手段でもあります。そして、あなたの話す日本語は、そのままあなた自身を表してしまうものでもあります。あなたの話す（書く）言葉が変われば、あなたの世界も変わるはずです。

　じつは時間がなくてドリルはできずにざっと読んだだけ、という人も、まだ内容を消化しきれず、日本語力が向上した実感がない人もいることでしょう。

　それでも、たとえば、人との会話で相手の口癖が気になったり、TVを見るときに、話者が話している言葉と字幕を見比べて、違いに気づくようになったりという変化があるはずです。それは確実な進歩です。

　言葉を磨く第一歩は「意識をもつこと」。この本をきっかけに言葉への意識レベルが高まり、日ごろから言葉へのアンテナを立てて過ごしていくなかで、表現レベルも着実に向上していくことでしょう。

言葉は生き物で、絶えず変化しています。ですから、ある言葉が「絶対的に正しい」とか、「絶対的に正しくない」ということではありません。「ら抜き言葉」は口語では主流になりつつありますし、「おられる」という表現は地域によっては一般的に使われます。ただ、意味がわかりづらかったり、受け取る相手が違和感をもったり不快になったりする恐れがある表現は、なるべく避けるほうが賢明だということです。
　どの場面でどの言葉を使うのか、選択するのはあなたであり、本書でその選択眼を養っていただければ幸いです。

　　　　　　　　　　　　　　　　　　　　　　　平井理恵子

〈著者プロフィール〉
株式会社ザ・アール
1982年設立の人材総合プロデュース会社。
Revolution Recruit Renaissance をコンセプトに「仕事を通じて社会変革・貢献をしていく」を企業理念としている。人材の最大活用、人の自立・働きがいのプロデュースをテーマに掲げ、教育・人材派遣・調査・コンサルティング等を組み合わせ、「人材総合プロデュース」「HR（Human Resources）ソリューション」「CSプロデュース」を提供している。
著書に『これだけは知っておきたい「プレゼンテーション」の基本と常識【改訂新版】』などがある。
http://www.ther.co.jp

平井理恵子（ひらい　りえこ）
ビジネス・コミュニケーション教育の専門家。企業研修講師として20年以上のキャリアをもつ。現在、株式会社ザ・アールの上席講師として、新入社員から管理職まで幅広い階層で研修を行うとともに、後進の育成にあたっている。
東京外国語大学ロシア語学科卒。ケンブリッジ大学認定日本語教育ディプロマ取得。日本語検定協会公認講師。

〈編集協力〉ことぶき社
〈装丁・イラスト・本文デザイン〉富永三紗子

これだけは知っておきたい
「敬語」の基本と常識

2018年3月16日　初版発行

著　者　　株式会社ザ・アール
発行者　　太田　宏
発行所　　フォレスト出版株式会社
　　　　　〒162-0824　東京都新宿区揚場町2-18　白宝ビル5F
　　　　　電話　03-5229-5750（営業）
　　　　　　　　03-5229-5757（編集）
　　　　　URL　http://www.forestpub.co.jp

印刷・製本　萩原印刷株式会社

©The R Co., Ltd. 2018
ISBN978-4-89451-795-0　Printed in Japan
乱丁・落丁本はお取り替えいたします。

基本と常識を身につける！「株式会社ザ・アール」の本

これだけは知っておきたい「プレゼンテーション」の基本と常識【改訂新版】

株式会社ザ・アール【著】
定価：1300円（＋税）

いまやプレゼンテーションは進化した！

「人前で話すのが苦手な人」「相手に伝わる話し方がしたい人」「説得する技術を得たい人」「商談を成功させたい人」「ビジュアルを駆使したカッコいいプレゼンがしたい人」など、プレゼンテーションの基本からテクニック、ビジュアルツールまで、この1冊で苦手意識がなくなる！

- **Step 1** 基本知識編
  プレゼンテーションの基礎を押さえる
- **Step 2** 基本編
  プレゼンテーションの基本スキルを身につける
- **Step 3** 1対1のプレゼン編
  1対1で相手をその気にさせるテクニック
- **Step 4** スピーチ／ショートプレゼン編
  多くの聴衆の前で行うスピーチとプレゼン
- **Step 5** 華のプレゼン編
  ビジュアルツールを使ったプレゼンのテクニック

基本と常識を身につける！
「これだけは知っておきたい」シリーズ

これだけは知っておきたい
「電話応対マナー」の基本と常識

日本アイラック株式会社【著】
定価：1300円（＋税）

- **プロローグ** ビジネス電話の基本のキホン
- **Step 1** 電話の受け方・取り次ぎ方の基本
- **Step 2** 電話を受けるときのトラブルはこう解消する
- **Step 3** 電話の掛け方・話し方の基本
- **Step 4** クレーム電話応対の基本
- **Step 5** 携帯電話のビジネスマナーの基本

これだけは知っておきたい
「会社の総務」の基本と常識

キャッスルロック・パートナーズ【著】
定価：1300円（＋税）

- **まえがき** 総務は会社のコミュニケーションセンターです！
- **第1章** 総務はどんな仕事をするのだろうか？
- **第2章** 総務の仕事は毎日の「庶務業務」から始まる
- **第3章** 「文書管理」は総務の仕事の基本です！
- **第4章** 会社の備品や設備を管理する
- **第5章** 社員の働く環境を整備する
- **第6章** 給与・賞与の計算から年末調整まで
- **第7章** 社員の採用から退職まで
- **第8章** こんなときどうする？ 保険の事務の進め方

フォレスト出版の好評既刊！

仕事で差がつく言葉の選び方

神垣あゆみ【著】　山岸弘子【監修】
定価：1400円（＋税）

間違いではないけれど……
「稚拙」「クドい」「キツイ」
「平凡な言葉」を
ちょっと変えるだけで、
あなたの印象はアップする！

- これ以上言わせないでください → おくみ取りください
- いいかげんなことはしません → ゆるがせにはいたしません
- 理解しておいてください → お含みおきください
- いただいたばかりのものを出すのは恐縮です → お持たせで恐縮です
- お金が足りません → 先立つものがございません

1 お礼・感謝	2 断り・拒否	3 謝罪・反省
4 依頼・提案	5 紹介・仲介	6 意見・抗議
7 謙遜・配慮	8 称賛・評価	9 報告・連絡
10 贈答	11 もてなし	12 感情に訴える